UNE HISTOIRE DU MESSIANISME

UN « MONDE RENVERSÉ»

Visitez notre site :
www.karthala.com
Paiement sécurisé

Conception graphique couverture: Bârbel Müllbacher

Éditions KARTHALA, 2018
ISBN : 978-2-8111-1980-5

Abel Kouvouama

Une histoire du messianisme

Un « monde renversé »

Editions Karthala
22-24, bd Arago
75013 Paris

En hommage à Georges Balandier,

Ce penseur de la modernité et du dépaysement

« Nous pensons que le phénomène déterminant, en milieu urbain, est la destruction (ou l'altération) du cadre familial à l'intérieur duquel s'inscrit l'individu, même lorsque celui-ci maintient des relations avec son groupement d'origine (…). Ce double mouvement, d'individualisation des comportements et de « libération » de la famille individuelle constitue un phénomène lourd de conséquences quant à l'avenir des sociétés congolaises ».

Georges Balandier, *Sociologie des Brazzavilles noires,* Paris, Armand Colin, 1955, p. 202.

Remerciements

Plusieurs idées et considérations scientifiques anthropologiques, sociologiques et philosophiques ont nourri dans la « longue durée » cet essai sur l'analyse du phénomène messianique. En effet, ce sont d'abord, les recherches faites de 1975 à 1982 dans le cadre des travaux et études doctorales à la Sorbonne ; ensuite elles se sont poursuivies sur le terrain au Congo-Brazzaville de 1983 à 1998, au sein du Laboratoire d'Anthropologie (1984-1994) et du Laboratoire Philosophie comparée (1995-2000) à la Faculté des Lettres et des Sciences Humaines de l'Université Marien Ngouabi de Brazzaville ; puis de 1997 à 2001 comme chercheur associé, tour à tour à l'ORSTOM, au sein de l'Equipe ORSTOM/CNRS « Citadins et religions en Afrique Noire » dirigée par Jean-Claude Barbier et Lucile Dubourdieu ; puis, au Centre d'Etudes Africaines (CEA/CNRS) de l'Ecole des Hautes Etudes en Sciences Sociales dirigé successivement par Elikia M'Bokolo, et par Jean-Pierre Dozon ; avec Renaud Sainsaulieu† et Catherine Grémion à l'Institut d'Etudes Politiques, IEP-Paris ; avec Maurice Aymard, Administrateur de la Fondation Maison des Sciences de l'Homme de Paris ; au Centre de Sociologie Européenne du Collège de France auprès de Pierre Bourdieu ; enfin, de 2002 à ce jour, au Laboratoire « Identités, Territoires, Expressions, Mobilités « (ITEM) de l'Université de Pau et des Pays de l'Adour.

Cet ouvrage n'aurait pu être achevé sans l'appui moral de ma famille, les encouragements continuels des collègues de « l'Ecole de Brazzaville », notamment les professeurs Patrice Yengo et Robert Ziavoula ; le soutien précieux des professeurs Renaud Sainsaulieu† et Catherine Grémion de l'Institut d'études Politiques de Paris ; des professeurs Philippe Laburthe-Tolra, Jean Copans, Maurice Aymard, de la Fondation Maison des Sciences de l'Homme de Paris et Monique Hirschhorn de l'Université René Descartes-Sorbonne ; et de Pierre Bourdieu†, professeur au Collège de France qui m'a accueilli de 1999 à 2002 comme chercheur associé dans son Centre de Sociologie européenne.

Enfin mes vifs remerciements à Messieurs Xavier Audrain et Robert Ageneau pour leur exigence éditoriale et leurs encouragements. Et, toute ma reconnaissance à Madame Claude Fournier qui a réalisé avec compétence et vigilance aiguë le travail technique de cet ouvrage.

Une histoire du messianisme

Un « monde renversé »

Abel KOUVOUAMA

Introduction

Cet ouvrage répond à quelques-unes de nos interrogations longtemps restées sans réponse, il propose un essai de réflexion sur le phénomène messianique dans les sociétés africaines contemporaines. En appréhendant l'imaginaire religieux et politique comme champ privilégié d'observation, nous avons voulu mettre en évidence ce double mouvement de révolte et d'attente qui a caractérisé la plupart des messianismes (mouvements religieux et politiques) africains en général, congolais en particulier. En effet, les aspirations nationalistes qui accompagnaient ces mouvements politico-religieux inscrivaient les luttes menées dans le champ global de revendications des peuples opprimés, mais très vite, l'ambivalence faite à la fois de désir de changement social et de retour vers le passé, vers les origines nous a amené à circonscrire les conditions universelles et spécifiques d'apparition des messianismes.

Les mutations sociales rapides, au sein de la société congolaise en particulier, ont également mis en évidence le caractère complexe des mouvements politico-religieux. De la forme de résistance et de lutte contre l'oppression coloniale, les messianismes deviendront vite au lendemain des indépendances le lieu de production d'un pouvoir spirituel, de reproduction idéologique et de différenciation sociale entre les élites et les masses urbaines et rurales. Qui plus est encore, ces mouvements politico-religieux deviendront tout simplement le lieu de production d'une nouvelle socialité pour faire face aux vicissitudes du quotidien. Les nouvelles lectures des mouvements religieux qu'impose dorénavant l'accélération des évènements conduisent à être plus attentif aux formes variées de mouvements sociaux ;

ceux-ci se modifient en fonction de la configuration sociale et culturelle des groupes et des rapports de forces établis ou constitués. C'est ce qui nous a amené à repérer, dans les pratiques étatiques, toutes les formes de logiques sociales susceptibles de rendre compte de cette foisonnante production de sens et de conduites de différents acteurs sociaux. Les raisons invoquées sont multiples et nous en avons délibérément retenu quelques-unes à titre heuristique.

Premièrement, les pratiques sociales analysées ici portent la marque des situations spécifiques définies dans un double rapport d'intériorité et d'extériorité. Le triomphe du rationalisme en Occident à la fin du dix-huitième siècle a favorisé l'expansion conquérante du continent hors de ses frontières. Il a imposé un modèle unique d'évolution des sociétés autres asservies, colonisées et dominées par les forces politiques et militaires d'alors. Les incidences qui se sont produites à l'intérieur des sociétés autres ont mis en valeur leur capacité de résistance, puis d'adaptation. Les conséquences multiples qui ont résulté de l'affrontement, du choc des dynamismes sociaux et culturels différents, ont permis de mesurer les effets contraignants de la surimposition coloniale et les exigences de la situation nouvellement créée. Qu'il s'agisse du domaine politique, économique et social ou du domaine culturel, l'existence d'un pôle mixte des activités matérielles et spirituelles conduit à admettre, au sein des sociétés dépendantes, la permanence d'une logique sociale endogène et d'une logique sociale exogène ; leur agencement souvent difficile et tumultueux se faisant, dans la plupart des cas, dans un va-et-vient continuel au profit de la seconde. C'est ce qui a fait très tôt l'objet de plusieurs études sur la dialectique de la tradition et de la modernité et que l'analyse dynamiste, particulièrement celle de Georges Balandier et de Louis-Vincent Thomas, contribuera à en corriger les aspects trop rigides et simplistes. Deuxièmement, la désorganisation des repères culturels et sociaux à l'intérieur des sociétés dominées a montré que la recherche et le renouvellement des imaginaires sociaux ne pouvaient se faire sans une réévaluation des anciens codes culturels et sans une réappropriation sélective des matériaux étrangers ; la religion, l'Etat, la chanson, la famille, tout semble apparaître davantage sous l'œil de l'identité et de la différence, du pur et de l'impur, de l'ordre et du désordre.

Notre réflexion se déploie à travers deux espaces de réflexion retenus dans ce livre en raison même de leur présence suggestive dans le champ complexe du messianisme, de l'imaginaire religieux et de l'imaginaire politique. Le premier espace interroge la religion et la politique autour de cette matrice commune, à savoir l'imaginaire religieux et politique ; parce qu'il aide à repenser le monde par la force des images et des relations d'images, l'imaginaire religieux et l'imaginaire politique convoquent en session des images-forces qui cristallisent un évènement, des figures historiques ou mythiques par leur valeur créatrice et archétypale. En effet, et on les analysera plus loin, les travaux d'anthropologues déjà effectués sur les messianismes (mouvements politico-religieux) africains avaient mis l'accent, à juste titre, sur leurs spécificités et sur leur filiations historiques avec d'autres messianismes en Occident et en Orient. Ces spécificités tiennent pour l'essentiel au caractère syncrétique des messianismes africains provoqué par le heurt de civilisations différentes ; de plus ceux-ci s'inscrivent dans la trame des mouvements de salut porteurs d'espérance pour les peuples opprimés. Le processus d'invalidation et de négation du monde présent jugé aliénant s'élabore dans une situation de domination et de dépendance. Ainsi, il convient de bien appréhender la réalité sociale et historique qui entoure l'étude des messianismes africains, à savoir que : premièrement, le champ d'investigation correspond à celui des sociétés dont le processus historique de développement interne a été interrompu au contact de la « situation coloniale » ; il y a donc lieu de reconsidérer l'objet d'analyse en tenant compte des contradictions spécifiques à cette réaction messianique des sociétés dominées. Deuxièmement, de par l'emprise de la société coloniale sur la société colonisée, il a pu naître une idéologie nationalitaire dont le processus de formation a été d'autant plus rapide que le fait colonial plus rigoureux excluait toute indépendance politique. Ensuite, cette idéologie nationalitaire s'est renforcée avec les aspirations populaires contenues dans des revendications religieuses de salut et dont les effets conjugués ont donné naissance à de vastes mouvements sociaux de contestation politique ; par conséquent, nous devons, tout en situant historiquement l'apparition des messianismes en Afrique, particulièrement au Congo, saisir le temps fort dans lequel ils jouent un rôle politique et social. En tant que phénomène social politico-religieux, le messianisme constitue bien une réponse globale des dominés à la situation d'exploitation / aliénation. Le contexte social et historique considéré ici est celui de l'époque coloniale qui met en conflit deux types de sociétés mues par des objectifs opposés, et les conflits qui résultent d'intérêts antagonistes se reproduisent à travers deux types de discours et de représentations : d'une part, les discours « pacificateurs » de la société coloniale qui tendent à légitimer l'entreprise de domination des rapports sociaux en se conformant à l'ordre établi ; d'autre part les discours « subversifs » qui s'inscrivent dans une entreprise de contestation de l'ordre colonial et qui sont ceux des classes dominées de la société colonisée ; ils correspondent à une tentative de constitution d'une idéologie populaire au moyen d'une manifestation religieuse à caractère politique. Autrement dit, la religion apparaît, dans un tel contexte, comme le lieu de production et de reproduction de l'imaginaire politique et religieux de la société coloniale et de la société colonisée.

Chapitre I

Le messianisme comme le révélateur de la contestation religieuse et politique

S'il est un domaine particulièrement révélateur des mutations sociales et religieuses auquel l'anthropologie sociale et culturelle a accordé beaucoup plus d'intérêt, c'est bien celui des messianismes dans lesquels les mythes du salut ont joué un rôle très important, ceci en raison d'une double causalité historique, externe et interne. Du point de vue de la causalité externe, les mythes ont toujours été évoqués par les sociétés humaines dans le cadre de la réactualisation rituelle d'événements passés ; des êtres surnaturels ou des personnes reconnues pour leur origine divine y ont accompli des actes sacrés qui sont devenus le modèle de toute activité humaine. Ces mythes qui sont aussi le signe des temps d'avant le temps, de l'irruption du sacré dans le monde profane, sont relatés depuis les temps historiques jusqu'à nos jours sous la forme du discours oral, un discours voilé qu'il faut interpréter. Il importe en effet de dévoiler le sens caché afin de rendre plus explicite le message profond qu'il énonce. La causalité historique interne vient du fait que les mythes se présentent le plus souvent comme un discours sur l'origine des choses et du monde. Leur évocation par les communautés humaines dans un contexte social et culturel misérable sert de paradigme pour l'annonce et l'instauration d'un nouvel ordre social meilleur où règnent l'abondance, la liberté et le bonheur. Ainsi dans leur efficacité mobilisatrice, les mythes servent à organiser et à assurer la cohésion de la communauté opprimée sur la base d'un riche passé de bonheur et dans la quête de l'Age d'Or, à travers la séquence réalisée du temps historique et du temps primordial. Or le messianisme s'inscrit dans la perspective des mouvements socio-religieux fortement marqués par la référence aux mythes de salut ; le mythe du salut est un récit sacré dans lequel l'acte de création qui relie le temps primordial au temps historique constitue également un acte de délivrance, de libération pour la communauté opprimée. De la sorte, le mythe du salut appartient au domaine du sacré et se présente comme une vérité absolue et suffisante. La religion apparaît alors comme un instrument social de prise de conscience, un acte politique camouflé de la communauté opprimée. Les mouvements du salut qui naissent de la sorte, résultent d'une réaction populaire, soit à une domination étrangère, soit à une brusque et rapide transformation socio-économique ; ils choisissent la voie du salut en s'organisant autour du personnage fondateur qui s'identifie ou bien est identifié à une puissance divine. Les anthropologues qui les désignent généralement sous le nom de messianisme ont noté toutefois leur caractère complexe, du fait de leurs variétés de significations et de fonctions sociales, religieuses et politiques. Ces mouvements sont dits millénaristes, lorsqu'ils reposent sur un personnage qui annonce pour l'an mil (période de mille ans attribuée au règne du Christ sur la terre) la venue du Rédempteur et dans l'attente du jugement dernier. Tantôt ils sont dits prophétiques, lorsqu'ils se situent dans la perspective de l'attente d'un prophète doué d'un certain pouvoir charismatique, lequel vient accomplir une « mission » auprès de la collectivité en crise. Tantôt, ces mouvements sont dits nativistes, et prônent le « retour aux sources » en réinterprétant et en réévaluant la culture étrangère par la culture locale. Toutefois, l'universalité du phénomène messianique tient au fait qu'il est avant tout « phénomène social total » qui englobe la totalité des mouvements adventistes et des mouvements activistes. Dans les mouvements activistes, le processus au cours duquel se produit le changement social est radical, qualitatif et profond ; il remet en cause toutes les structures sociales internes de la société ; par contre les mouvements adventistes (ou passifs) visent seulement à l'amélioration des structures sociales existantes en les réadaptant aux nouvelles exigences de la communauté messianique. Précisément, la fonction des mythes du salut varie selon qu'il s'agit de l'un ou de l'autre. C'est pourquoi il est nécessaire pour toute étude sérieuse de dégager, en dépit des traits généraux qui caractérisent les messianismes, leurs spécificités et leurs particularités internes qui sont corrélatives des situations concrètes où ils prennent naissance. Cela dit, deux grandes tendances se dessinent à travers ces mouvements messianiques qui associent les facteurs religieux et politiques : d'une part, les mouvements messianiques qui passent de la contestation religieuse à la révolte politique avec un mythe fondateur ; d'autre part, les mouvements politiques qui se sécularisent par le passage de la contestation et de la révolte politique à l'attentisme religieux. Des grands traits généraux les caractérisent tous cependant, et que nous pouvons résumer ainsi :

- négation du monde présent et de l'ordre colonial, avec l'annonce d'une catastrophe imminente ;

- attente d'un messie ou d'un prophète avec recours aux mythes du salut ;

- croyance en l'avènement de l'Age d'Or.

Dans le contexte de la mondialisation contemporaine, la plupart des sociétés, particulièrement les sociétés africaines subsahariennes, connaissent des recompositions politiques et religieuses liées à des situations de crise. Les systèmes politiques monopartites se sont écroulés sous l'action des mouvements sociaux au niveau local et des mouvements démocratiques au niveau international. Les bouleversements contemporains se traduisent non seulement par la faillite de l'économie, mais également par un déficit d'éthique politique et sociale. Dans cet univers de crises et de perte des repères, les individus se tournent entre autre vers les religions pour retrouver du sens, pour se donner une sécurité existentielle, et pour répondre à des problèmes urgents comme ceux de la maladie, de la pauvreté et de la guérison. Toutes choses qui remettent à l'ordre du jour l'interrogation non seulement sur l'objet de l'anthropologie et de la sociologie des religions, sur le phénomène de sécularisation[1] que l'on croyait caractéristique de la modernité, mais également sur les dynamiques politiques et religieuses contemporaines afin de comprendre l'évolution actuelle des sociétés africaines. On a longtemps retenu comme objet de l'anthropologie des religions l'étude comparée des faits religieux (description, classification et explication des ressemblances et des différences) dans des sociétés de petite taille, « archaïques », « primitives » ; tandis que la sociologie des religions traite des faits sociaux des croyances, des pratiques et des formes d'organisation religieuse dans les sociétés complexes et urbanisées ; elle privilégie les religions du Livre. Quant à l'histoire des religions, *« inaugurée avec l'évolutionnisme du XIXe siècle, elle étudie et compare des institutions,*

1. Sécularisation entendue ici, selon Danièle Hervieu-Léger, « *de façon inséparable comme processus de réduction rationnelle de l'espace social de la religion et comme processus de réduction individualiste des choix religieux* » . Elle précise que la remise en question à la fois théorique et empirique du modèle linéaire de la sécularisation a amené la sociologie des religions « *à reconsidérer plus largement sa vision du rapport de la modernité à la religion. Elle a entrepris de saisir ce rapport sous le double aspect de la dispersion des croyances et des conduites, d'une part, et de la dérégulation institutionnelle du religieux d'autre part. En même temps qu'on cesse de penser la religion à travers le prisme exclusif du désenchantement rationnel, on s'intéresse davantage aux processus de décomposition et de recomposition des croyances qui ne relèvent pas du domaine de la vérification et de l'expérimentation, mais qui trouvent leur raison d'être dans le fait qu'elles donnent un sens à l'expérience subjective des individus. On redécouvre que ces croyances sont inscrites dans des pratiques, dans des langages, des gestes, des automatismes spontanés, qui constituent le « croire» contemporain (...) A travers la thématique du « bricolage » , du « braconnage » et autres « collages »* ,ajoute-t-elle, *on s'engage progressivement dans la voie d'une description extensive du paysage croyant de la modernité* » . *Cf.* Danièle Hervieu-Léger, *Le pèlerin et le converti. La religion en mouvement*, Paris, Flammarion, 1999, pp. 17-18.

croyances et cultes à travers le temps et l'espace. Elle appréhende le développement historique des idées et des structures religieuses. Elle constitue un réservoir d'expériences passées et présentes dont ne peut se passer l'anthropologue (...) La philosophie de la religion examine la cohérence logique des divers systèmes religieux et réfléchit sur leurs théories explicatives : signification des termes clés, récurrences thématiques, types de raisonnement, influences d'un mode de pensée sur le fidèle et le groupe qui l'englobe » [2].

De même l'interférence du politique et du religieux dans la plupart des sociétés contemporaines, notamment celles d'Afrique, d'Amérique latine et d'Europe de l'Est, surtout pour cette dernière à partir des années 1989, bouscule des certitudes longtemps affirmées. La mise en mouvement des sociétés par les phénomènes politiques et religieux à l'échelle mondiale -donc y compris les sociétés exotiques naguère perçues dans leur permanence et leur immutabilité- impose de plus en plus à l'anthropologie et à la sociologie politiques d'accorder une plus grande attention à la conjonction des dynamismes « internes » et « externes », à la « connexion » des territoires et des sociétés, pour reprendre le jargon en vogue. A ce sujet, Maurice Barbier mettait en garde contre toute attitude visant à considérer comme inactuelle et dépassée dans les sociétés occidentales largement laïcisées, la question des rapports entre religion et politique. Car « *d'une part, malgré le déclin de la pratique religieuse et la désaffection à l'égard des Eglises dans la plupart des pays européens,* souligne-t-il, *le sentiment religieux demeure profondément ancré dans les esprits et la quête du spirituel connaît un renouveau étonnant, y compris chez les jeunes. D'autre part, il existe une corrélation étroite entre les convictions religieuses et les opinions politiques et l'on constate, du moins en France, une correspondance remarquable entre la pratique religieuse et le comportement électoral. Enfin, en regardant en dehors de la petite Europe, on est frappé par l'importance croissante du fait religieux et de son impact socio-politique dans les autres continents, qu'il s'agisse des Amériques, qui restent profondément marquées par un christianisme aussi vivant que diversifié...* » [3].

A ce propos, la relecture de la « théologie de la libération » en Amérique latine que fait Michael Löwy dans son ouvrage la « *Guerre des Dieux* » s'efforce d'offrir une vue plus large du phénomène et de formuler quelques nouvelles hypothèses théoriques. En effet, loin de se livrer à une description ethnologique des pratiques religieuses, ni à la structure

2. Claude Rivière, *op. cit.*, p. 7.

3. Maurice Barbier, *Religion et politique dans la pensée moderne,* Nancy, Presses Universitaires de Nancy, 1987, p. 3.

fonctionnelle de l'Eglise comme institution, il part du champ de la sociologie de la culture pour décrire l'évolution complexe des rapports entre la religion et les cultures politiques, dans un contexte de modernisation et de conflit social et politique intense. Et du fait de sa dimension historique et sociologique en tant que mouvement social, ce phénomène politico-religieux qualifié de « théologie de la libération » est, dans ce continent, « *quelque chose de bien plus profond et plus large qu'un courant théologique. Il s'agit,* dit-il, *d'un très large mouvement social -que je me propose de désigner par le terme de « christianisme de la libération »- dont les conséquences politiques sont de grande portée* »[4]. Patrick Michel note quant à lui, à propos de l'Europe de l'Est, que « *partout, la sortie du communisme a entraîné du flottement et de la recomposition identitaires. Dans une situation très mouvante, où la plupart des repères ont disparu, la tentation de se servir du religieux pour figer une appartenance, pour arrêter une identité est évidente, comme l'est aussi la tentation d'instrumentaliser cette démarche à des fins de légitimation ou de gestion d'une clientèle politique. Force est de constater que tant en Pologne qu'en Slovaquie, en Russie qu'en Hongrie ou, sous une forme particulièrement dramatique, dans l'ex-Yougoslavie, la capacité de mobilisation nationaliste du religieux a été mise au service de fins politiques* »[5]. Or, avec les messianismes africains -comme c'est le cas des messianismes congolais qui seront revisités dans ce travail- cette interférence du religieux et du politique est vieille de trois siècles. Le fait que certains d'entre eux aient résisté à l'usure du temps pour affirmer continuellement leur contemporanéité, en accompagnant ou en provoquant des changements sociaux et politiques, impose au sociologue et à l'anthropologue un réexamen des cadres d'analyse. Et quelles que soient les méthodes d'approche adoptées par les courants anthropologiques utilisées, s'impose le constat que toutes les sociétés contemporaines sont marquées par les expériences variées du croire qui traduisent souvent des quêtes de sens que l'anthropologue ou le sociologue est appelé à prendre en considération, tout en révisant ses grilles de lecture ; puisque tout savoir scientifique qui se construit doit, ainsi que le notait Georges Balandier dans son *Anthropologie politique*, accepter d'être vulnérable et partiellement contesté.

En effet, les sociologues et anthropologues ont, à tort ou à raison, toujours fait une grande place au phénomène religieux et aux systèmes symboliques. Ils se sont intéressés non seulement aux religions africaines

---

4. Michael Löwy, *La guerre des Dieux, Religion et politique en Amérique latine,* Paris, Edition du Félin, 1998, p. 8.
5. Patrick Michel, Religion et politique à l'Est, in *Religions et société, Cahiers Français n° 273,* Paris, La Documentation Française, octobre-décembre 1995, p. 44.

anciennes, mais également aux phénomènes émergents pendant la colonisation, en particulier les messianismes qui, selon la définition qu'en donne Hans Kuhn, se présentaient comme *« la croyance religieuse en la venue d'un Rédempteur qui mettra fin à l'ordre actuel des choses, soit de manière universelle, soit pour un groupe isolé et qui instaurera un ordre nouveau fait de justice et de bonheur »*[6]. Ceux-ci avaient autant une dimension religieuse que politique. Ces messianismes ont été l'objet de très nombreuses interprétations[7]. Pour Henri Desroche, les notions de messianisme et de messie s'appliquent, du point de vue étymologique, à un personnage et à une doctrine d'origine judéo-chrétienne, mais les idées et les faits recouverts par ces notions dépassent largement l'ère chrétienne. Il applique au messianisme deux concepts fondamentaux : un concept théologique, normatif et culturel, lié à la proclamation de l'unicité messianique du fondateur du christianisme, et qui fait de tous les autres personnages messianiques des pseudo-messies, pré-messies ou faux-messies ; et un concept sociologique comparatif tiré de l'histoire des religions qui permet de décrire des situations où un personnage fondateur d'un mouvement historique de libération socio-religieuse s'identifie ou est identifié à une puissance suprême. Ainsi, dans son sens théologique, le messianisme, selon lui, désigne dans un sens absolu, l'ensemble des croyances juives relatives au Messie promis dans l'Ancien Testament, alors que dans un sens moins strict, il s'applique aux enseignements ou aux mouvements qui promettent la venue d'un envoyé de Dieu appelé à rétablir sur terre la justice et l'innocence premières.

Par ailleurs, dans cette approche théologique, Henri Desroche souligne les controverses qui ont porté sur le contenu du messianisme -ce qui sera d'ailleurs réinterprété par le matsouanisme- précisément, entre d'une part, la tradition chrétienne du Messie « déjà venu » et la tradition juive du Messie « encore attendu» ; d'autre part, à l'intérieur de la tradition chrétienne, entre la tradition patristique des trois premiers siècles dominée par l'attente futuriste d'un retour messianique en gloire et en majesté, pour l'instauration d'un millenium terrestre, et la prédominance des thèses prétéristes surtout après Saint-Augustin, thèses de la révélation close, fixation du retour messianique aux moments de la fin du monde et d'une unique résurrection, identification du régime ecclésiastique avec le royaume en transition. En revanche, dans son sens sociologique et historique, le messianisme exprime le fonds commun des doctrines qui

6. Hans Kuhn, in, *The Encyclopédia of Social Sciences,* New York, The Macmillan and C°, tome 9.

7. J'évoquerai d'abord dans cette première partie du travail sur le messianisme les principaux auteurs qui se sont intéressés à la question, tout en réservant par la suite dans les troisième et quatrième parties, les nouvelles interrogations soulevées par d'autres auteurs.

promettent le bonheur parfait sur terre, sous la direction d'une personne, d'un peuple, d'un parti, de mouvements collectifs au sein desquels les réformes tant ecclésiastiques que politiques, économiques ou sociales sont présentées sous la forme d'ordres ou de normes identifiés à des « missions», voire à des « émissions » divines. Et ce bonheur parfait, pense Desroche, peut, selon les cas, être présenté sociologiquement, soit sous la forme d'un radical retrait du monde, soit sous la forme d'une moins radicale transformation de ce même monde[8].

Vittorio Lanternari a, quant à lui, regroupé l'ensemble des mouvements messianiques, prophétiques de salut sous la seule désignation de « prophétismes nativistes ». Il y souligne les facteurs déterminants qui ont contribué à leur éclosion, et qui sont « *d'une part, le processus accéléré d'assujettissement des peuples indigènes, d'autre part l'expérience faite par les populations indigènes de leur décalage économique et culturel par rapport aux porteurs de la culture européenne (...) Le heurt infligé par le colonialisme aux sociétés soi-disant "primitives" est certainement le facteur qui, plus que tout autre a déterminé les conditions propices et nécessaires à l'apparition des mouvements prophétiques* »[9]. Roger Bastide, montre qu'il existe deux interprétations du messianisme : d'une part, celle qui le justifie comme la « *seule force possible de résistance sous le régime agricole* », et qui constitue la première prise de conscience des groupes exploités contre leurs exploiteurs; d'autre part, celle qui condamne le messianisme en ce qu'il détourne la résistance des groupes exploités du terrain de la lutte matérielle pour le dériver sur le terrain des mythes religieux en retardant l'apparition de la lutte des classes enlisée dans les marécages théologiques. Il adopte ensuite une démarche plus prudente qui situe les messianismes dans le temps et dans l'histoire en en appréhendant les éléments positifs ou négatifs. Ainsi, de façon globale, le messianisme est avant tout une « *réponse raisonnée (même si apparemment elle nous paraît loin de notre propre raison) à un trouble d'ordre sociologique et comme un ajustement à une situation de changement...*»[10].

Pour sa part, Roger Bastide note des différences, à l'intérieur des messianismes, entre le messianisme urbain, qui est une réponse à l'industrialisation, à la formation du prolétariat ou à la prolétarisation de certains secteurs des classes moyennes ; le messianisme de « folk » qui est

8. Henri Desroche, Les messianismes et la catégorie de l'échec, in, *Cahiers Internationaux de Sociologie*, Paris, PUF, 1963, vol. XXXV - juillet-décembre, p. 64-66.

9. Vittorio Lanternari, *Les mouvements religieux des peuples opprimés*, Paris, Maspéro, 1962, p. 316-322.

10. Roger Bastide, Messianisme et développement économique et social, in, *Cahiers Internationaux de Sociologie*, Paris, PUF, 1961, vol. XXXI, p. 12.

plutôt une réponse violente à un changement imposé du dehors en vue de maintenir le statu quo, comme c'est le cas de la réaction de la civilisation du sertâo brésilien contre la civilisation du littoral ; et le messianisme colonial qui, bien que ne présentant pas tout un ensemble de faits généraux qui le définissent et le caractérisent par rapport aux autres, se présente néanmoins comme une réponse à une situation de contact; et cette réponse varie avec la nature du contact colonial[11]. On verra comment le messianisme matsouaniste au Congo répond dans une certaine mesure aux trois variantes dégagées par Roger Bastide.

Wilhem Mühlmann s'est de son côté plus intéressé à une variante du messianisme, à savoir, le nativisme qui est, dit-il, « *un processus d'action collective porté par le désir de restaurer une conscience de groupe compromise par l'irruption d'une culture étrangère supérieure, ceci grâce à l'évidence massive d'un apport culturel propre* »[12]. Et il en souligne la dimension socio-psychologique et la potentialité historique. Si, sur le plan de la psychologie des religions, les mouvements nativistes renvoient aux attentes messianiques, au millénarisme et aux sectes eschatologiques, sur le plan de la psychologie politique, ils font plus que renvoyer au nationalisme et portent en eux les éléments d'un « principe de révolution », une visée de subversion de l'ordre établi qui transparaît plus clairement dans le mythe du « monde renversé ». Est également intéressante pour cette recherche l'analyse faite par Maria Isaura Pereira de Queiroz, sociologue brésilienne qui a produit une quantité importante de travaux sur les messianismes afro-brésiliens. En effet, pour elle, *« les doctrines religieuses qui prédisaient l'avènement sur la terre d'une ère de bonheur et de perfection sont dites messianiques, chaque fois que l'installation de ce monde parfait dépendra de l'arrivée d'un "fils de Dieu", d'un messager divin, d'un héros mythique, d'un "messie"* (...). Mais elle précise que *les mouvements ne sont messianiques que s'ils sont dirigés par un chef sacré, un envoyé de l'au-delà* (...) et elle établit une distinction entre *la croyance messianique et le groupe messianique,* tout en précisant que *la première peut exister sans le second, mais que le groupe messianique a toujours besoin de la croyance messianique pour se déclencher* »[13].

Une autre logique de classification plus récente, qui, bien que ne s'appliquant pas directement aux messianismes en Afrique en éclaire la compréhension actuelle, repose sur la perception du mode de légitimation et de fonctionnement du pouvoir religieux, de gestion de la vérité dans

11. Roger Bastide, *op. cit.*, pp. 7-8.
12. Wilhem E. Mühlmann., *Messianismes révolutionnaires du Tiers-Monde*, Paris, Gallimard, 1968, p. 11-15.
13. Maria Isaura Pereira de Queiroz, Mythes et mouvements messianiques, in, *Diogène*, Paris, Gallimard, 1975, n° 90, p. 90-91.

chacune de ces Eglises. Elle est développée par Jean-Paul Willaime qui, en s'appuyant sur Max Weber, distingue trois types idéaux : le modèle institutionnel rituel catholique, le modèle institutionnel idéologique protestant et le modèle associatif charismatique. Dans le « *modèle institutionnel rituel* » catholique, l'autorité religieuse repose sur le privilège absolu accordé à la légitimation de la fonction du prêtre qui tire cette légitimité de l'appropriation par l'institution d'un charisme personnel fondateur qui devient le charisme permanent de l'institution. Il y a ici un charisme de fonction du prêtre dans une conception rituelle de la succession apostolique, au détriment de la légitimation de la personne et de l'action. En revanche, avec le *« modèle institutionnel idéologique »* protestant où l'institution est désacralisée, la légitimation repose sur la connaissance de la Bible. L'autorité essentielle est donc l'« autorité idéologique » reconnue au théologien dans la gestion de la vérité religieuse, « l*e pasteur étant, dans la tradition protestante un clerc qui est légitimé par son savoir théologique plus que par un statut sacré* ». Le *« modèle associatif charismatique »* proposé par Willaime[14] est une adaptation du type « secte » de Max Weber, fondé sur le charisme personnel du prophète à qui les adeptes reconnaissent une légitimité renforcée par la forte cohésion du groupe.

Plusieurs travaux ont tenté d'établir une « cartographie » des messianismes en Afrique en distinguant les foyers principaux : le foyer d'Afrique Australe où des études signalent leur existence dès le début du 19e siècle, principalement en Afrique du Sud; le foyer d'Afrique Centrale où les Eglises indépendantes issues des nombreux mouvements prophétiques se sont signalées dès le 17e siècle notamment dans le Bas-Congo ; le foyer d'Afrique Occidentale où ils se sont développés principalement au Bénin, au Nigeria, au Ghana, en Côte-d'Ivoire, en Sierra-Leone et au Liberia ; le foyer d'Afrique Orientale avec le développement des Eglises indépendantes, particulièrement au Kenya ; enfin le foyer d'Afrique de l'Océan indien où il existe de nombreux travaux effectués notamment sur Madagascar[15]. Sans chercher à faire état de manière exhaustive des différentes typologies faites sur les messianismes et les religions en Afrique, ni à les transposer d'un espace à un autre, il convient néanmoins d'en souligner la pertinence. En effet, étudiant dans les

14. Jean-Paul Willaime, La précarité protestante. Sociologie du protestantisme contemporain, in, *Histoire et Société*, Paris, Labor et Fides, 1992, n° 25.

15. Bengt Sundkler, *Bantu Prophets in South Africa,* 2e éd., London, Butterworth Press, 1961. R. Hackett, African New Religious Movements, Review essay, in, *African Studies Review*, september 1986, n° 29, p. 141-146 ; Jean-Claude Barbier, Elisabeth Dorier-Apprill, Les forces religieuses en Afrique: un état des lieux, in *Annales de géographie,* Paris, 1996, n° 588, mars-avril, p. 200-210.

années 1940 le messianisme bantu dans la région sud-africaine, Bengt Sundkler avait recensé près de deux mille Eglises indépendantes. Il en propose une classification en deux types principaux, selon leurs processus historiques de formation. L'élément discriminant, chez Sundkler, est le mode de séparation, institutionnel ou doctrinal, consensuel ou conflictuel à partir d'une origine missionnaire et reconstitué avec des sources écrites du début du siècle. Dans la terminologie de Sundkler, le type « éthiopien », désigne les Eglises bantu qui pour des raisons nationalistes ont fait sécession avec les Eglises missionnaires des Blancs en revendiquant leur indépendance et le vœu de fonder une église africaine tout en conservant une organisation ecclésiastique et une interprétation de la Bible identiques à celles des missions protestantes. Les Eglises indépendantes « sionistes » se désignent elles-mêmes sous le nom de « Zion », « Apostolic », « Pentecostal » ; historiquement, elles se réfèrent à l'Eglise américaine, la « Christian Catholic Apostolic Church in Zion » à Zion City (Illinois, USA) et idéologiquement, à la montagne de Sion à Jérusalem et aux cultures anciennes bantu. Sundkler souligne leur caractère syncrétique dans les pratiques de guérison des malades, la glossolalie, les rites de purification et l'observation d'interdits. En dépit de ces spécificités, leurs caractéristiques communes sont l'affirmation de leur indépendance à l'égard des Eglises protestantes d'origine, la présence d'un prophète noir et le rejet de la domination raciale blanche. Ces travaux de Sundkler constituent encore aujourd'hui une incontournable base de réflexion.

Georges Balandier qui a été l'un des tout premiers à analyser le phénomène messianique en Afrique Centrale y dégageait à la fois un sens culturel et sociologique; en premier lieu, il y voyait une tentative d'adaptation du message des missions chrétiennes au contexte africain et une reprise dans un cadre christianisé des éléments encore actifs de la religion traditionnelle. En second lieu, à partir du concept opératoire de « situation coloniale » qui rend compte de la complexité des rapports de domination résultant des contacts entre la société coloniale et la société colonisée, il a appréhendé le matsouanisme comme « *une réaction à la situation coloniale, à la domination exercée par les minorités européennes* »[16]. Martial Sinda, quant à lui, partira d'une analyse historique des messianismes congolais, notamment le kimbanguisme et le matsouanisme, pour situer leur origine dans « *la prise de conscience par la société dominée de la situation coloniale, l'affirmation d'une personnalité nationale vigoureuse, la volonté d'aboutir à la libération du groupe Lari-*

16. Georges Balandier, Messianisme et nationalisme en Afrique, in, *Cahiers Internationaux de Sociologie*, Paris, PUF, 1953, Vol. XIV, p. 43. Voir également son article, Brèves remarques sur les messianismes de l'Afrique congolaise in, *Archives de sociologie des religions*, 3 (5) 1958, p. 91-95.

Bakongo de la domination politique, économique et culturelle étrangère, l'espoir de reconstruire une société vivante à partir d'une société en état de crise permanente »[17]. Cependant, le matsouanisme constitue pour lui, une « *réaction primaire dont l'aboutissement se trouve dans une attitude prophétique absolument inadéquate à l'objet de la lutte anti-colonialiste* ». En partant du fonds commun des croyances et des pratiques cultuelles, d'autres auteurs se sont attachés à démêler à l'intérieur des messianismes devenus des Eglises indépendantes, l'articulation entre une origine locale, puisant à la fois dans le registre culturel ancien où la « tradition » est plus ou moins revendiquée et les apports chrétiens étrangers. Dans le contexte idéologique dominant des années 1960-1970, d'autres études ont dégagé les caractères anticolonialistes, nationalistes, voire révolutionnaires des mouvements religieux qui ont fini par donner naissance aux Eglises indépendantes africaines[18].

A propos de la notion « d'églises indépendantes », Jean-Claude Barbier souligne l'ambiguïté qu'elle contient, surtout si l'on considère comme « indépendantes » les Eglises qui ne se disent pas catholiques ou protestantes. Puisque sont considérées comme indépendantes les Eglises séparées qui, bien qu'ayant pris leur indépendance ecclésiale par rapport aux Eglises missionnaires, ont néanmoins conservé intacte la doctrine d'origine ; les Eglises d'acculturation qui, sur « injonction divine » et sans intrusion missionnaire, ont adopté des formes religieuses étrangères à leur propre milieu, à l'instar de l'orthodoxie révélée et des communautés judaïques ; les Eglises issues des grands mouvements prophétiques du début du 20e siècle qui, en plus de l'indépendance ecclésiale, ont trouvé dans la lecture directe de la Bible une grande compatibilité entre les cultures africaines et l'Ancien Testament, et qui y ont puisé les prières d'exorcisme pour chasser les démons[19]. Plusieurs typologies établies ont mis l'accent sur les caractères « nativiste », « prophétique », « messianique » , « revivaliste » des mouvements religieux[20]. A propos des typologies, Jean-Pierre Dozon y exprimait déjà des réserves en ce que leur édification masque l'absence d'analyse réelle des mouvements messianiques; car ceux-ci ne reçoivent tout leur sens que rapportés à leurs

---

17. Martial Sinda, *Le messianisme congolais et ses incidences politiques*, Paris, Payot, 1972, p. 16.

18. Pour une vue synoptique, on pourra lire avec profit la préface de A. Kouvouama et l'introduction de J.C. Barbier de l'ouvrage : J.C. Barbier, E. Dorier-Apprill, C. Mayrargue, *Les formes contemporaines du christianisme en Afrique,* Les Bibliographies du CEAN n° 9, Institut d'Etudes Politiques de Bordeaux, Bordeaux, 1998.

19. Barbier Jean-Claude et al, *op. cit.* p. 18-19.

20. R. Linton, Nativistic movements, in, *American Anthropologist*, New York, 1943, tome LXV ; Köbben A.J.K., Prophetics movements as an expression of social protest, in, *International Archives or Ethnology*, Leyde, 1960, n° 49, p. 117-118.

conditions concrètes d'apparition et non en fonction d'hypothétiques éléments culturels de comparaison; et que deux mouvements identiques du point de vue culturel peuvent avoir une portée et une signification différentes au sein de la société globale, en fonction par exemple des agents qui en sont les porteurs. Il précise par la suite que la prise en considération des mouvements religieux africains a correspondu à une rupture dans le profil épistémologique de l'anthropologie africaniste française, et a consisté à se mettre à l'heure de la société dominée, en essayant de repérer les réponses de cette société à la situation coloniale. Qu'en fait « *Syncrétisme et messianisme constituent les deux pierres angulaires des mouvements politico-religieux africains(...) S'ils ont pu apparaître comme consubstantiels lors de la période coloniale, ces mouvements sont dans la période actuelle plutôt disjoints ; en outre, pendant leur phase de constitution, ces mouvements ne présentaient aucun « mélange» religieux; ils étaient a-syncrétiques(...) Il s'agissait de cultes « anti-sorcellerie» ou « anti-fétiches» répondant à l'insécurité et au malaise provoqués par la présence du Blanc* »[21].

Pour ma part, les premières recherches faites sur les messianismes[22] m'avaient conduit à souligner l'intérêt de les appréhender dans la « longue durée » et d'en voir les évolutions. Ainsi en période coloniale, le messianisme et plus particulièrement le matsouanisme a d'abord constitué une réponse globale des dominés à la situation d'exploitation/aliénation; cependant il est aussi un mouvement messianique de type adventiste marqué par la logique de l'attente. Et qu'en période post-coloniale, le matsouanisme, quoique resté messianique dans sa double logique adventiste et contestataire au niveau politique, est devenu aussi un des lieux de « *production intense des biens de salut et d'invention d'une nouvelle socialité entre les individus pour faire face aux vicissitudes du quotidien* »[23]. Mais cette analyse ne suffit plus à rendre compte des messianismes en Afrique Centrale, plus particulièrement au Congo-Brazzaville marqué depuis 1990 par un pluralisme religieux et politique

21. Jean-Pierre Dozon, Les mouvements politico-religieux, syncrétismes, messianismes, néo-traditionalismes in, Marc Augé, *La construction du monde, Religions, Représentations, Idéologie*, Paris, Maspero, Dossiers Africains, 1974, p. 86-87.
22. Abel Kouvouama, *Messianisme et révolution au Congo,* Thèse de doctorat de 3è cycle, Paris V, 1979; Messianisme et idéologie in, *Document de travail n°7* EHESS, Centre d'Etudes Africaines, Paris, 1982 ; « Les mythes du salut » , in *Encyclopédie Mythes et croyances du monde entier, tome III*, Paris, Editions Lidis-Brepols, 1985, p. 208-215.
23. Abel Kouvouama, Du devenir du matsouanisme dans le Congo contemporain, in, M-E. Gruenais, A. Kouvouama, J. Tonda, *Prophètes, prophéties et mouvements religieux dans le Congo contemporain*, Paris, ORSTOM, 1992, p. 61-101.

sans précédent[24]. Dans les années 1990, Didier Gondola a également analysé les trajectoires coloniales et post-coloniales du Kimbanguisme et du matsouanisme, en insistant sur leurs capacités de résistance et d'adaptation aux différents contextes d'expression religieuse et socio-politique[25].

Comme tel, le messianisme n'apparaît-il pas comme un champ privilégié de contestation ? En effet, si au cours de la période coloniale les messianismes ont constitué dans les sociétés africaines subshariennes une réponse globale des dominés à la situation d'exploitation/aliénation, c'est que leur faiblesse relative au sein du rapport de force et l'absence de moyens d'expression politique ont été la cause principale de cette déviation de la riposte face à la société coloniale. Cette réponse s'est alors effectuée au niveau du sacré et par le biais de l'idéologie religieuse. Ceci du simple fait que la stratégie du messianisme religieux a consisté à mettre en avant l'aspect unitaire de la lutte au détriment des contradictions internes spécifiques devenues secondaires. La religion, en devenant le lieu privilégié du discours contestataire, mobilisait les classes dominées sur le domaine du sacré et du profane, parce qu'il s'agissait, par un processus de sacralisation, de désacralisation et de resacralisation, de se donner de nouvelles valeurs sacrées, une espérance existentielle qui passe par la révolte comme symbole de transgression de l'ordre colonial. La stratégie unitaire du messianisme permet de comprendre cette double causalité interne : le messianisme religieux a, d'une part, constitué un front commun des espérances populaires de la société coloniale; d'autre part, il a favorisé la restructuration de la société traditionnelle congolaise par le biais du mode de production capitaliste venu de l'extérieur. Ce dernier a freiné le processus interne de développement des rapports sociaux basé principalement sur une économie de subsistance et d'échanges fonctionnant à une échelle réduite.

Avec la mutation du fait colonial à partir de 1960 dans les sociétés africaines subsahariennes, l'idéologie religieuse qui avait une fonction novatrice et libératrice, va de plus en plus apparaître comme l'instrument de domination et de reproduction de nouvelles classes sociales, bourgeoise et petite-bourgeoise, issues du système néo-colonial; en même temps surgissent les contradictions internes de classes qui étaient jusque-là occultées par l'opposition au système colonial. La contradiction entre la

24. Voir notamment Abel Kouvouama, Conférence Nationale et modernité religieuse au Congo, in *Questions sensibles*, Centre universitaire de recherches administratives et politique de Picardie, Paris, PUF, 1998, p. 387-410.

25. Didier Gondola, Kimbanguisme et matsouanisme : traitement colonial et survivances post-coloniales, in, *Histoire africaine du XXe siècle, Sociétés-villes-culture*, Paris, L'Harmattan, 1994.

bourgeoisie politique, bureaucratique et les masses urbaines et rurales sera l'élément révélateur de la mutation du fait colonial qui conduit l'anthropologue à ne plus concevoir la société néo-colonisée comme une société homogène. C'est la raison pour laquelle R. Bastide en analysant le phénomène messianique avait, à juste titre, émis cette hypothèse fondamentale selon laquelle : « les messianismes (ou millénarismes) évoluent en même temps qu'évolue la situation dont ils constituent une adaptation, ce qui fait que les facteurs positifs ou négatifs de développement varient suivant les moments du temps où on les appréhende »[26]. La portée symbolique du message chrétien, dans son caractère contestataire et virtuel a été exploitée par les messianismes kimbanguiste et matsouaniste pour démystifier la valeur morale de l'ordre colonial. Ce message chrétien a « modifié », comme l'a souligné W.H Mülhmann, les structures de la conscience, a provoqué pour ainsi dire une « mutation, une insertion réelle dans l'espace de l'histoire »[27]. Mais cette insertion dans l'histoire n'est pas le propre du seul message chrétien, également celui du message politique contenu dans ce message chrétien. C'est aussi en ce sens que Jean-Pierre Dozon note le caractère progressiste du message chrétien dans le kimbanguisme en tant qu'il est « l'élément révélateur de la situation coloniale...». Aussi conclut-il que « l'idéologie religieuse sous ses formes syncrétiques et messianiques est le véritable analyseur de la société coloniale..., du fait que la société dominée a trouvé ses systèmes d'adaptation et de contestation en ce lieu essentiel de la reproduction de la domination coloniale »[28].

Nous pouvons donc avancer les considérations théoriques suivantes : premièrement, l'idéologie religieuse et l'idéologie messianique ne se confondent ici que parce qu'elles se situent dans le champ global de la réponse collective de la société dominée à une situation d'exploitation/aliénation ; leurs discours s'inscrivent alors dans une entreprise de contestation de l'ordre établi. Deuxièmement, elles revendiquent en totalité le domaine de l'angoisse humaine et du vide culturel et psychologique qu'elles prétendent faire disparaître complètement. Troisièmement, l'idéologie religieuse et l'idéologie messianique postulent pour l'homme dominé une espérance de salut collectif et se proposent d'apporter des solutions meilleures (par exemple l'Age d'Or) aux problèmes sociaux et moraux rencontrés. Elles

26. Roger Bastide, Messianisme et développement économique et social in *Cahiers Internationaux de Sociologie, 30,* Paris, PUF, 1961, p. 8.
27. Wilhem E. Mühlmann, *Messianismes révolutionnaires du Tiers-Monde*, Paris Gallimard 1968, p. 293.
28. Jean-Pierre Dozon, Les mouvements politico-religieux, syncrétismes, messianismes, néo-traditionalismes in, *La construction du monde*, Paris Maspero, 1974, p. 90.

appartiennent donc au domaine de la religiosité populaire comme espace idéologique de représentation du monde « renversé » ; elles participent à l'avènement d'une nouvelle histoire qui est aussi celle de la resacralisation du monde ; celle de la création de nouveaux rapports sociaux qui passe par la modification des rapports imaginaires des hommes à leurs conditions concrètes d'existence. Si le messianisme apparaît, en tant que mouvement de rupture, comme le lieu d'intégration des forces de contestation du pouvoir colonial, il est également le lieu de différenciation des pouvoirs politique et religieux, du pouvoir spirituel et du pouvoir temporel. Et le processus d'invalidation du passé dans ce qu'il a de plus injuste et contraignant prendra un caractère plus rationnel du côté des forces politiques qui vont tenter de se servir momentanément du pouvoir spirituel pour modifier les conduites messianiques dans un sens politique : elles utiliseront dans le champ exclusivement politique les représentations idéologiques de l'Age d'Or initialement établies contre le pouvoir colonial ; elles prendront également à leur compte cette fonction sociale universalisante du messianisme religieux pour répondre aux besoins et aux aspirations des classes sociales les plus exploitées.

L'observation minutieuse des rapports entre société coloniale et société colonisée dans les sociétés d'Afrique centrale au lendemain de la Seconde Guerre mondiale révèle aux yeux de l'anthropologue une évolution rapide dans le sens des mutations sociales et politiques. On constate, d'une part, une désorganisation quasi systématique des messianismes notamment kimbanguiste et matsouaniste et, d'autre part, la mise en place d'une vie politique parlementaire marquée par la formation des premiers syndicats et partis politiques. Ces différents changements sociaux qui se produisent à un rythme accéléré sont corrélatifs de la mutation du fait colonial en Afrique. En effet, les puissances colonisatrices, affaiblies politiquement et économiquement par l'effort de guerre soutenu, ont commencé à voir se rétrécir progressivement leurs zones d'influence sous la poussée des mouvements de libération nationale en Afrique. Cette lutte des peuples opprimés pour l'émancipation sociale et politique prenant un nouvel essor, l'on verra aussi s'amorcer rapidement un processus de rassemblement des forces internes de changement en vue d'une action dans le cadre exclusivement politique, lequel avait jusque-là été bloqué par la société coloniale. La conséquence directe sera une atomisation du phénomène messianique dans deux directions principales :

- Une direction mythique dans laquelle l'imaginaire religieux prendra le pas sur l'imaginaire politique ; la logique de l'attente s'intègrera dans les Eglises constituées telles que le matsouanisme et le kimbanguisme devenu « l'Eglise de Jésus-Christ sur terre par le prophète Simon Kimbangu ».

- Une direction utopique qui met plus en relief le contenu politique du message à l'intérieur des partis politiques naissants. Ces deux directions prises par le messianisme dans le cas particulier du Congo s'articulent autour d'une matrice commune, à savoir celle de l'organisation de la nouvelle société.

Ces deux directions mythique et utopique correspondent à deux types de discours idéologiques produits par les classes sociales congolaises : le discours du messianisme religieux produit par « la base » correspond à la vision du monde des masses urbaines et rurales ; ce discours repose sur le mythe d'attente du retour de Kimbangu et Matsoua. Un autre discours, celui-là utopique, est produit du « sommet » par la petite bourgeoisie plus soucieuse de jouer un rôle politique de premier plan. Aussi convient-il de préciser le sens de ce discours utopique qui s'apparente surtout à une « utopie progressive pratiquée », pour reprendre le mot de Jean Séguy, c'est-à-dire qu'il s'inscrit dans un système idéologique qui critique le présent comme « présageant une lenteur fatale dans l'installation de conditions nouvelles »[29].

Le messianisme politique se développe dans le champ idéologique du phénomène nationalitaire de l'après-guerre. Cette forme politique du messianisme ne se distingue plus par la logique de l'attente, mais bel et bien par l'exhortation à la réalisation de la nouvelle cité idéale sous la direction de l'élite politique. L'annonciateur de la nouvelle cité n'est plus le leader religieux dans ses fonctions politiques, mais plutôt le leader politique dans ses fonctions charismatiques et prophétiques. Ces nouvelles manifestations à caractère élitiste et non plus populaire s'élaborent et se trament dans la lutte pour la conquête du pouvoir politique. On assiste dès lors à un mouvement d'uniformisation des comportements politiques des nouveaux prétendants au pouvoir autour des revendications sociales des masses urbaines et rurales, et à partir des clivages ethniques et sociaux.

Cette stratégie du messianisme politique prend corps avec l'établissement des programmes des premiers partis politiques congolais dans la période qui s'étend de 1946 à l'indépendance formelle d'août 1960, puis au cours du soulèvement populaire d'août 1963 avec le rôle prépondérant joué par la petite bourgeoisie politique et bureaucratique congolaise. Les leaders des principaux partis politiques tels le Parti Progressiste Congolais (P.P.C), le Mouvement Socialiste Africain (M.S.A) et l'Union de Défense des Intérêts Africains (U.D.D.I.A) ont exploité habilement le mythe d'attente formé autour des leaders religieux kimbanguiste et matsouaniste. En prétendant être les héritiers du pouvoir

29. Jean Seguy, La socialisation utopique aux valeurs in, *Archives des Sciences Sociales des Religions, vol. 50/1* Paris, juillet-septembre, 1978.

spirituel de Simon Kimbangu et d'André Matsoua, les leaders politiques incarneront le rôle de ce nouveau type de messianisme ; l'élite politique apparaît alors comme le nouveau prophète qui se définit non seulement par sa notoriété intellectuelle et son prestige, mais aussi par la maîtrise du verbe et les avantages que lui procure la détention du pouvoir politique. En transformant le mythe d'attente et d'espérance en mythe de progrès par la participation à la gestion de la chose publique à partir de ses exigences politiques, la nouvelle élite politique congolaise a voulu en même temps assurer ce rôle messianique de renouvellement des significations et des imaginaires sociaux tout en prétendant renouveler les structures et les rapports sociaux. Par la magnification de la parole et la rationalité de leurs discours messianisants, les leaders politiques du Parti Progressiste Congolais, du Mouvement Socialiste Africain et de l'Union de Défense des Intérêts Africains occultaient en fait les différenciations et masquaient les inégalités sociales dans un consensus actif. Nous observons par ailleurs que le messianisme, qu'il soit religieux et/ou politique, attribue à un seul individu, le leader, la condition principale de l'affranchissement de la masse d'individus. La situation de domination et d'aliénation culturelle ne crée que les conditions objectives d'une situation messianique ; mais le messianisme proprement dit ne surgit réellement que si le prophète fait figure de « sauveur » en s'imposant à la communauté opprimée par ses qualités psychologiques, par la force et le rayonnement charismatique de ses idées dans la croyance des individus qui sont sous sa conduite.

C'est d'ailleurs là que se situe l'un des points de rupture entre un mouvement messianique et un mouvement révolutionnaire au sens vrai du mot ; en effet, dans un mouvement révolutionnaire, c'est la masse des opprimés qui est la condition principale de l'affranchissement de l'individu. Cette libération collective ne peut être le résultat que d'un mouvement ordonné et conscient. Le passage du messianisme à la révolution sociale est celui du spontanéisme le plus grossier au spontanéisme réfléchi, c'est-à-dire doublé d'une conscience rationnelle. Il s'opère ici un changement d'ordre qualitatif, lorsque le mouvement passe d'un stade à un autre. En définitive, si le messianisme contient en lui-même un « principe de révolution », pour reprendre l'expression de Wilhem E. Mülhmann, il représente aussi, comme l'a souligné Henri Desroche, une « catégorie religieuse fondamentale » : il prône une libération spirituelle de l'homme qui ne peut se réaliser sur terre que par l'intermédiaire d'un « envoyé divin ». En projetant les rapports réels des hommes à leurs conditions d'existence en rapports imaginaires, le messianisme transpose, s'il n'est pas orienté sur le terrain politique, les difficultés du monde réel dans un monde imaginaire.

La réflexion sur le messianisme déborde bien les particularismes congolais. Le messianisme part du terrain théologique pour aboutir au terrain historique, politique, et exprime une réalité sociale donnée sous forme d'une doctrine de perfection absolue. Cette réalité sociale est celle des sociétés en crise dans lesquelles l'oppression et l'exploitation de l'homme annihilent tout esprit de créativité et accélèrent cette volonté profonde de changement radical. Le mouvement de rupture et de salut collectif se constitue aussi rapidement que les contradictions internes se multiplient. Aussi avançons-nous cette idée selon laquelle, toute société dominée est en soi porteuse d'un messianisme latent, en ce sens que la situation de domination/exploitation conduit à une volonté de dépassement par une réponse collective au drame vécu. D'où la distinction qu'il faut faire entre la croyance messianique et le groupe messianique pour mettre en relief le primat de la réalité sociale sur le comportement des acteurs sociaux. La recherche anthropologique sur les messianismes se doit d'appréhender les deux moments essentiels de la pratique messianique. D'une part, le contexte colonial qui est dominé par la contradiction fondamentale, système colonial/société colonisée. Le messianisme apparaît alors comme un messianisme de masse (avec une petite bourgeoisie naissante, des populations ouvrières et paysannes en formation) dirigé contre un ennemi commun. D'autre part, la période post-coloniale voit par contre une modification stratégique avec le passage du colonialisme au néo-colonialisme dans la disposition des forces sociales et politiques antagonistes : la contradiction bourgeoise politique, bureaucratique/masses urbaines et rurales marque également une nette opposition entre messianisme de masse et messianisme élitiste. Et si, comme l'affirme Desroche « la dialectique du messianisme est plutôt d'essence spiralique que circulaire », la conscience messianique est donc un produit social qui obéit aux lois historiques de la société tout entière, à travers le procès de la production. C'est en étudiant ces sociétés dominées dans l'essence même de leurs contradictions spécifiques que l'anthropologue africain peut, à l'appui de sa propre pratique scientifique, discerner les aspects positifs et négatifs dans les messianismes en Afrique. D'où l'accent qu'il faut mettre sur la dialectique du mythe et de l'utopie. Et l'examen des conditions historiques et spécifiques d'apparition des messianismes sur le continent africain, comme réponse globale à la situation d'exploitation/aliénation, permet dès lors de circonscrire le champ global idéologique dans lequel ces mouvements de salut se construisent progressivement. En effet, les messianismes et prophétismes africains, en s'inscrivant dans un champ religieux de contestation politique, opèrent dans le sens de la division sociale en vue de détruire tous les liens symboliques (d'exclusion, d'occultation) et politiques de l'ordre colonial dominant. L'entreprise de démystification et de contestation de l'ordre colonial dans les messianismes qui se sont déclenchés n'a été rendue possible que grâce aux virtualités activistes des classes et couches sociales dominées qui ont su exploiter la portée symbolique et messianique du message chrétien de l'Ancien Testament. La présentation des forces antithétiques, Dieu/Satan, pur/impur, sacré/profane, ordre/désordre, etc., ainsi que la référence au destin historique du « peuple élu » assurent la cohérence idéologique du discours prophétique par le processus d'invalidation/légitimation : invalidation du présent jugé insupportable, aliénant, et légitimation de l'avenir rempli de promesses flatteuses. Le messianisme cherche en fait à substituer à l'ancien monde, fait de souffrance et de misère, un nouveau monde de richesse et de liberté. Comme tel, il constitue bel et bien un mouvement de rupture. Cependant, son actualisation réside dans la capacité du prophète, lequel par une mobilisation des énergies individuelles, une exploitation des mythes (d'origine, d'anéantissement, de création) et le rayonnement de sa personnalité dans la croyance de ses adeptes, facilite le passage de la situation messianique (situation de crise et de révolte) à la messianité en acte (déclenchement de la révolte).

Par ailleurs, ce qu'il faut retenir, c'est que, quelle que soit la dimension dans laquelle il est considéré (la dimension religieuse dans ses rapports avec la magie, les rites d'initiation, de purification, d'inversion et les cultes, ou la dimension historique avec ses ramifications politiques et idéologiques), le messianisme s'inscrit toujours dans l'histoire qu'il revendique comme un mouvement de rupture. Mais, en dépit de ses orientations activistes ou adventistes, il apparaît en dernière analyse comme un mouvement de révolte pur et simple dans lequel le prophète charismatique se fait le seul dépositaire du vrai langage, du discours différentiel et conflictuel. Et c'est dans un pouvoir personnalisé, celui du « sauveur » que se concentrent les forces d'investissement symboliques ; le prophète ou le « sauveur » n'est pas seulement un simple leader messianique, mais il est aussi une cristallisation de symboles tels que le symbole de la liberté, du bonheur, l'incarnation vivante de ce monde « renversé » dont l'imminence est tant attendue par la communauté messianique. Le prophète, en proclamant son élection ou son affiliation divine, recourt ainsi à une véritable authentification charismatique de son pouvoir, afin d'accroître et de maintenir son autorité religieuse et politique sur la communauté messianique qui est aussi une communauté émotionnelle. De par leurs références mythiques et utopiques, les messianismes africains traduisent une nouvelle séquence de l'histoire, celle qui récuse le passé dans ce qu'il a de plus injuste, de plus aliénant, et revendique le pouvoir politique et religieux qui formule les espérances révolutionnaires des opprimés. Malgré leurs multiples vicissitudes, ces messianismes sont davantage animés d'un profond désir de changement social. Il y a sans doute une logique de l'espérance qui fonctionne dans les messianismes et qui permet au prophète, messie ou leader de jouer un rôle de premier plan tant dans l'accroissement de son pouvoir de domination que dans la mobilisation de la communauté messianique autour de sa figure.

Mais le leader messianique, véritable acteur social, joue souvent sur le scénario bien connu de la division manichéenne du monde, élus/païens. C'est ainsi que l'invention du discours par celui-ci emprunte quelquefois la forme théâtrale du jeu de la division et de la dérision[30], ceci pour marquer la rupture entre les adeptes qui participent à la réalisation du nouveau monde et les non-croyants qui en seront bannis et expulsés. La division manichéenne du monde fait donc partie de la logique individuelle du pouvoir du leader messianique qui doit en même temps assurer la cohésion sociale et idéologique de la communauté messianique et maintenir la distance avec les ennemis désignés comme tels. Quoique cette logique individuelle du pouvoir s'inscrive dans des pratiques sociales de domination charismatique du prophète, elle ne saurait en elle-même mettre en mouvement la communauté messianique ; car ce qui est d'abord en jeu ici c'est « l'impact, exercé sur l'environnement, l'effet de comportement » (...) que conditionnent entre autres « l'élévation de la température collective, le prurit de miracle, la vulnérabilité aux impressions fortes, l'absence de lucidité et de distance critique vis-à-vis des être et des événements... »[31]. L'effet de comportement a pour but de provoquer une forte charge émotionnelle au niveau des adeptes du mouvement, en somme de les conditionner spirituellement, pour leur participation massive à l'entreprise de rédemption collective du prophète. C'est en exploitant habilement le temps fort du mythe, c'est-à-dire en introduisant des jeux de distinction entre le moment de la crise et du désespoir du présent et le moment de richesse, de liberté situé dans le futur, que le prophète réalise la synthèse du temps primordial ou de la création archétypale et du temps historique.

D'ailleurs il est frappant de voir comment dans les messianismes africains et mélanésiens, la revalorisation du mythe du « monde renversé », à travers l'Age d'Or, s'effectue dans une régénération cyclique du temps ; un temps profane intégré dans un espace sacralisé, dans lequel la répétition de l'acte cosmogonique de la création du monde doit conduire au salut des

30. Notons que la pratique théâtrale du jeu de la division et de la dérision est très ancienne. Elle permet de contrôler et de banaliser les conflits sociaux en les sublimant au niveau de l'imaginaire. Dans les cultes du Cargo en Nouvelle-Guinée, tout comme dans les Saturnales romaines, la pratique de l'inversion des rapports de domination maîtres-esclaves prend la forme rituelle et théâtrale du jeu de l'action organisée.

31. Wilhem Muhlmann, *op. cit.* p. 186.

opprimés. Le messianisme mahdiste constitue à ce titre, l'un des exemples les plus significatifs dans la régénération du temps. En effet, c'est pendant l'occupation anglaise au Soudan en 1885 que s'est constitué le mahdisme à composante islamique et révolutionnaire. Le Mahdi (c'est-à-dire le bien guidé), du nom de Mohammed Ahmed, prophétisait en s'appuyant sur le mythe d'attente du nouveau monde, de l'avènement du jour du Jugement marqué par une période de crises et d'oppression, laquelle prendra fin grâce à l'intervention du Mahdi. Cependant cette intervention éphémère sera détruite par le Dajjàl, sorte d'Antéchrist, cela pendant un temps historique avant que le Mahdi ne revienne de nouveau tuer le Dajjàl et réaliser définitivement le règne de l'Age d'Or au Soudan Oriental.

Si nous regardons de près le processus de manifestation du mahdisme, nous remarquons que celui-ci s'effectue en des séquences temporelles différentes, mais qui sont toutes inscrites dans une sorte de logique immanente. Le messianisme mahdiste surgit dans une situation de crise et de domination des populations soudanaises et c'est à partir d'une telle situation concrète que le Mahdi peut spéculer sur les virtualités latentes du mythe du « monde renversé » ; autrement dit, le procédé d'inversion ne peut se réaliser que dans une situation de rupture, de désordre social, laquelle, en tant que référent négatif, constitue l'autre face de la réalité sociale symbolisée ici par le règne historique du Dajjàl, c'est-à-dire de l'Antéchrist. Ce règne est historique, parce qu'il a lieu dans un temps profane et spiralique, en somme un temps du devenir, en ce qu'il permet de rendre possible l'avènement du nouveau règne du Mahdi, lequel s'effectue au contraire dans un temps sacré, répétitif et cyclique. Le règne du Mahdi, avant et après celui de l'Antéchrist, a lieu *in illo tempore*, c'est-à-dire qu'il se « situe ainsi non seulement au commencement, mais aussi à la fin des temps »[32].

Le mahdisme comme la plupart des messianismes africains de tendance chrétienne fonctionne aussi sur le plan de la dialectique de l'ordre et du désordre. Et G. Balandier montre bien dans son étude comment l'islam a servi à maîtriser l'émiettement spécifique de toute la société soudanaise ; car « l'envoyé de Dieu suscite l'espoir d'une remise en question de l'ordre social, nourrit une opposition à la domination étrangère qui est propice à la construction d'un ensemble social élargi constituant à la fois une unité politique et une unité religieuse »[33]. La diffusion du mahdisme dans le Cameroun septentrional durant la première moitié du 20e siècle a révélé une fois de plus le caractère activiste du messianisme où prédominent les fonctions de subversion et de destruction du règne de

32. Mircea Eliade, *Le mythe de l'éternel retour,* Paris, Gallimard 1969, p. 126.

33. Georges Balandier, *Sociologie actuelle de l'Afrique,* Paris PUF, 3e édition, 1971, p. 484.

l'Antéchrist suivi de celui de la justice sociale à la faveur d'une nouvelle apparition du Mahdi... Il convient de préciser que la régénération du temps dans le mahdisme ne se fait qu'au moyen de la régénération collective dont le mythe de la création primordiale sert d'archétype historique. A la limite, nous dirons que ce qui importe dans la revendication messianique ce n'est pas tant la simple réactualisation de l'acte cosmogonique archétypal, mais la valeur exemplaire qu'elle représente pour la communauté messianique. La relation synthétique que fait le prophète entre le « moment mythique » de la création primordiale (qui est un moment sacré) et le « moment actuel » (moment historique, profane), fait prendre conscience aux individus de leur situation misérable présente. Etant entendu que, pour le prophète et ses adeptes, le « moment mythique » correspond toujours à un moment de richesse et d'opulence, et que le « moment actuel » est celui de la misère et de l'oppression de l'Antéchrist ; le règne de l'Antéchrist apparaît comme la condition de la réalisation de l'Age d'Or.

Nous retrouvons ces mêmes catégories sociologiques du statique et du devenir dans les messianismes mélanésiens, mais davantage sous leur aspect adventiste qu'activiste. C'est-à-dire que le mahdisme plus activiste s'organise au départ sous l'initiative d'un prophète, lequel, doué d'un pouvoir charismatique acquis, soit par la révélation onirique, soit par l'intermédiaire de la « grâce divine », vient accomplir auprès de la collectivité en crise la mission qui lui est « confiée ». Le mouvement repose sur une logique de l'action violente qu'elle soit individuelle ou collective. Par contre, l'adventisme comme attente pure domine la plupart des messianismes mélanésiens. Il n'y a pas toujours anticipation du prophète pour l'avènement de l'Age d'Or, mais seulement une préparation psychologique et morale des masses dominées, puisque le millénium se réalisera inévitablement de lui-même. Il y a ici une forte manifestation d'une logique de l'attente qui est aussi une logique de l'espérance. Le processus de réalisation de l'Age d'Or tient donc de la personnalisation et de l'historicisation du mythe de réapparition du héros créateur à la fin des temps. Le messianisme Tuka créé par un ancien catéchiste, Ndugumoi, dans les îles Fidji en Nouvelle-Guinée s'est surtout renforcé dans la lutte contre la désagrégation de leurs valeurs culturelles et le montant exorbitant des impôts coloniaux. L'appareil mythico-religieux repose sur le principe de la divination des dieux jumeaux, Nathirikaumoli et Nakausambaria, issus de l'union d'un dieu, principe absolu, atemporel et identique à lui-même, avec une princesse mélanésienne, élément mortel, transitoire. Les mythes racontent que ces deux jumeaux avaient été chassés des îles à la suite d'une violente querelle avec le dieu serpent Ndengei. Celui-ci symbolise l'élément négatif, une sorte de puissance de mort par opposition aux dieux jumeaux qui représentent la puissance de vie. Le prophète

Ndugumoi, après une longue période historique d'absence, revient dans l'île doté symboliquement de cette double puissance de vie et de mort. Et c'est en tant que messager qu'il prophétise le retour imminent des dieux jumeaux et des ancêtres avec des bateaux chargés de produits alimentaires et de richesses abondantes. Ce retour correspond au début du règne définitif de l'âge d'Or et à la fin du règne historique du dieu serpent Ndengei : seuls les « élus » et les adeptes seront épargnés de la mort au jour assigné par le prophète Ndugumoi.

D'autres mouvements messianiques, comme celui du prophète Mambu dans les années 1930 ou le messianisme Paleau sur l'île de Manus au Nord de la Nouvelle-Guinée, ont montré l'étroite corrélation qu'il y a entre la régénération du monde et la régénération du temps à travers la pratique rituelle des cultes du Cargo. Le système de production des biens symboliques fonctionne sur le plan idéologique par la croyance au renversement de l'ordre social, laquelle légitime à son tour les pratiques de domination charismatique du leader messianique. C'est dire que la logique de l'inversion qui est en œuvre dans ces messianismes africains et mélanésiens est celle du renversement des rapports existants de pouvoir; renversement réel par la violence de l'action ou renversement imaginaire par la non-violence, mais dont l'effet produit est celui d'une conscience messianique anticipatrice d'un nouvel Age d'Or. Une chose paraît certaine à nos yeux, c'est que le messianisme, en tant que réponse globale des peuples opprimés à une situation d'exploitation/aliénation, exprime leurs rêves sociaux collectifs qui sont à la limite de l'inconscient et du conscient. Les constructions utopiques qui accompagnent ces rêves « éveillés » montrent bien les filiations historiques qu'il y a entre les différents messianismes qui surgissent ici et là. C'est en partant de l'universalité des archétypes mythiques que l'on peut expliquer et comprendre le lien qui unit le logos et le muthos. Muthos et logos interviennent dans le champ des messianismes comme ils interviennent dans le champ politique à travers toutes les formes de représentations identitaires.

Chapitre II

Du contexte historique d'émergence des premiers messianismes en Afrique centrale

La dimension sociologique des messianismes en Afrique centrale et leur influence objective sur le plan de la réalité sociale ont longtemps été soulignés ; et, du point de vue socio-anthropologique, leur importance a été reconnue par des analystes et des observateurs, Georges Balandier, Henri Desroche, Roger Bastide, Vittorio Lanternari, Gérard Althabe, Martial Sinda et Mülhman, lesquels voulaient comprendre les sociétés africaines, européennes et américaines dans leur évolution. Dans ce chapitre, j'indiquerai d'abord brièvement comment s'est faite la rencontre entre les religions locales -de l'aire culturelle dans laquelle les premiers messianismes firent leur apparition -et l'implantation missionnaire occidentale ; comment les individus ont utilisé les mythes, leurs valeurs créatrices et archétypales, particulièrement celui véhiculé autour du héros civilisateur chez les Kongo, *Mudumango*, pour expliquer par la ruse la captation des pouvoirs des dieux et l'avènement des sociétés humaines. Ensuite j'analyserai les mutations socio-politiques survenues au sein du royaume Kongo avec les premières réactions messianiques conduites par les femmes. Puis j'expliquerai les conditions socio-politiques et historiques qui ont contribué à la reprise d'initiative religieuse des populations congolaises au début du 20e siècle et qui ont favorisé la naissance du kimbanguisme et du matsouanisme.

Les religions locales et l'implantation chrétienne occidentale

Instruire une réflexion sur la rencontre au 15e siècle entre les religions du terroir et les religions venues d'ailleurs dans la région congolaise est une entreprise délicate qui doit éviter deux écueils : le premier est celui qui consiste à croire que l'aventure missionnaire chrétienne européenne s'est effectuée dans des contrées païennes et dépourvues d'une religiosité particulièrement dynamique et significative pour les populations autochtones. Et que la marche de ces sociétés autres vers la modernisation et la plénitude de la raison passait obligatoirement par une « véritable christianisation » de celles-ci. On sait aujourd'hui vers quelles impasses idéologiques et vers quelles bévues théoriques ont conduit de telles affirmations péremptoires. Le second écueil à éviter réside dans une valorisation abusive du passé pré-colonial, des systèmes d'organisation socio-religieuse « harmonieux », lesquels auraient été entièrement désorganisés du fait de l'intrusion chrétienne occidentale et de l'événement colonial. En tenant compte des avancées de l'anthropologie historique et dynamiste dans le domaine religieux, force est de reconnaître également la dimension historique du fait religieux qui se recompose sans cesse en fonction des transformations institutionnelles, sociales, économiques et des luttes symboliques. Les sociétés humaines sont toutes en mouvement selon leur propre rythme, et la religion est l'une de ses instances régulatrices qui sélectionnent les messages, empruntent et modifient dans le travail de conversion, les produits culturels que les circonstances historiques lui imposent aussi bien du dedans que du dehors. A ce propos, Philippe Laburthe-Tolra, donnant un panorama de la conversion catholique en Afrique, précise les choses en ces termes : « *En 1443, le pape Eugène IV avait reconnu aux rois du Portugal le droit d'exercer leur autorité dans les territoires d'Afrique qu'ils découvraient, à condition de les évangéliser. Les expéditions portugaises incluaient donc nécessairement des missionnaires. C'est ce qu'on appelle le système du Patronat, qui créa par exemple le royaume chrétien du Congo, avec les premiers prêtres noirs de rite latin. Un siècle et demi plus tard, après le concile de Trente, le système étant devenu caduc, la curie romaine proposa en 1599 une Congrégation De propaganda fidei (appelée usuellement "la Propagande", érigée en 1622) pour propager la foi dans les territoires de mission, en y envoyant des vicaires apostoliques, évèques dépendant directement du Saint-Siège...* ». Philippe Laburthe-Tolra souligne que « dès *1659, les instructions de la Propagande enjoignaient à ces vicaires apostoliques de ne viser qu'à l'édification d'une église locale, et de demeurer soigneusement à distance du pouvoir politique. Mais en Afrique, la mission se bornait alors à fournir des aumôniers pour les comptoirs et les colons. A partir de 1840,* ajoute-t-il, *la renaissance catholique en Europe y suscita nombre de sociétés apostoliques : Spiritains, Pallotins, Comboniens, Pères du Verbe Divin, Missionnaires d'Afrique à Lyon, Pères Blancs, etc. Elles utilisèrent la liberté que leur laissait en Afrique l'Acte de Berlin de 1885, confirmé en 1919 par la Convention de Saint Germain en Laye, conclue par les Alliés au sujet de leur politique coloniale commune. Le zèle du début fit place vers 1900 à une "rationalisation", qu'exprime en Allemagne la naissance de la missiologie (...)* ». Cette « rationalisation » du travail missiologique s'orientera vers une prise en compte de la dimension autochtone. C'est ainsi que « d*ès 1840,* note Philippe Laburthe-Tolra, *le refondateur des Pères du St Esprit, Libermann, réclamait pour l'Afrique un enseignement agricole et artisanal à côté de celui de l'Evangile. De fait, l'association concrète avec des pratiques de développement fut, outre l'école primaire, l'une des causes majeures du succès des Eglises, malgré les critiques les accusant de trahison spirituelle. Un rêve, mais qui a fait passer l'Afrique en cent ans (1885-1985) d'un million tout au plus à presque cent millions de catholiques (...) L'apogée de la domination européenne se situe entre les deux guerres mondiales. Cette expansion impérialiste profite certes au catholicisme, mais, contrairement à l'idée reçue, une conquête violente n'est jamais suivie d'une conversion massive, bien au contraire, comme on le constate dans les royaumes du Dahomey, du Bénin, ou chez les Ashanti* »[34].

Dès lors, l'adoption par les populations autochtones de nouvelles normes d'existence et de nouvelles croyances participe du travail de réappropriation et de réinterprétation du fait religieux et de transaction du sacré par les individus et la société. Ces précautions étant prises, l'évocation de l'ordre du *Lemba* dans l'aire culturelle kongo se donne à comprendre comme une démarche analytique dans cette entreprise individuelle et collective de quête du sens. Celle-ci s'effectue dans un environnement social de gestion lignagère des rapports de domination symbolique et mythique correspondant. L'évocation répétée du personnage de *Mudumango* fait partie de ce dispositif mythique. Qui est *Mudumango* ? Héros civilisateur souvent mentionné dans la littérature orale kongo, il désigne ce personnage demi-dieu, maître du feu, de la forêt et de toutes choses qui accomplissait des prodiges de toutes sortes ; ce qui le plaçait toujours au-dessus des hommes mortels. Il avait une fille qui trahit les secrets de son père auprès d'un jeune homme mis à l'épreuve par *Mudumango*, et dont elle était éprise. Vaincu, *Mudumango* se donna la mort, tandis que sa fille et le jeune homme se mariaient. Cet acte inaugural serait alors constitutif de l'humanité et de la société chez les Kongo. Ce mythe qui est restitué sous différentes formes de récits fragmentaires, épopée, légende par les anciens et les détenteurs privilégiés des secrets des douze clans[35], imprégnait les religions locales, parmi lesquelles l'ordre du *Lemba.* Du fait de l'imbrication du religieux et du politique dans son mode d'organisation, le *Lemba* constituait l'une des organisations socio-

34. Philippe Laburthe-Tolra, *Vers la Lumière ? Ou le Désir d'Ariel, A propos des Beti du Cameroun Sociologie de la conversion,* Paris, Karthala, 1999, p. 500-501.

35. Lire entre autres Georges Balandier, *Sociologie actuelle de l'Afrique. Dynamique sociale en Afrique centrale,* 3e éd., Paris, PUF, 1982.

religieuses et politiques importantes des communautés kongo. Le mot *lemba* (signifiant paix en langue kongo) désignait ainsi cette communauté croyante et agissante censée apporter la paix dans la société kongo. Elle a ainsi véhiculé des croyances sur les vertus curatives et apaisantes des feuilles d'une plante désignée par le même nom *lemba-lemba.* Par l'inviolabilité du secret, la complexité des rites, l'ordre du *Lemba* opérait par individualités spécialisées dans telle ou telle maladie, telle ou telle activité sociale et politique. Devant la maladie, les membres de l'ordre du Lemba recouraient aux dons du plus méritant des spécialistes d'entre eux, le *nganga kisi* qui prenait alors le nom de *Matouala* (rapporteur). Celui-ci devait opérer auprès des malades de l'ordre par déguisement ; de la sorte, il pouvait, par un mélange de plantes spéciales et de formules cabalistiques, non seulement guérir mais aussi empoisonner les personnes suspectées de sorcellerie. Les réunions de l'ordre du Lemba étaient tenues secrètes. Les membres du *Lemba* qui portaient le titre prestigieux de *Bi-Tomi* (qui signifie excellence) se considéraient comme des hommes exceptionnels et exemplaires tant sur le plan religieux que politique. Détenteurs de plusieurs connaissances sur l'univers, la nature et la société, les *Bi-Tomi* possédaient des signes conventionnels de reconnaissance qu'aucun profane n'était en mesure d'identifier comme tel, en dépit du bracelet en cuivre rouge qu'ils portaient en permanence au poignet gauche. Leur pratique de puissance se manifestait parmi les individus qui excellaient plus que les autres dans les domaines variés du savoir et du savoir-faire ; appartenant à l'ordre du *Mpu,* ils avaient un sens élevé de l'honneur et du respect. Les individus y accédaient après avoir connu une période d'initiation, et celle-ci ne pouvait se faire qu'avec les parents (père, oncle ou cousin) de la seule lignée paternelle. Les adeptes se recrutaient parmi les neveux des familles les plus aisées et les plus influentes, afin de pérenniser leur domination politique, économique, sociale et symbolique. Le parent retenu devenait ainsi le « parrain naturel » du nouvel entrant. Les cérémonies d'initiation à l'ordre du Lemba avaient lieu dans le plus grand secret à l'entrée du village. Ainsi pendant six (6) lunes, précise Jean Malonga, des membres influents de l'ordre du Lemba désignés à cet effet reviennent par intervalles, et en compagnie du parrain de chaque adepte, parfaire la formation du néophyte. Les réunions et délibérations qui avaient lieu en un endroit précis dans la forêt étaient tenues secrètes. Par la suite, les danses solennelles du soir au cours desquelles le public était convié dans la cour centrale du village, se déroulaient sous le roulement de tambours spéciaux appelé *nkondzi* ; il s'agissait de gros troncs d'arbre évidés que l'on battait de deux maillets en branches de palme entourées d'une glue tirée de l'arbre sacré. C'est également au cours de cette soirée dansante que les nouveaux membres de l'ordre du Lemba font étalage, à travers des formules cabalistiques précises, des connaissances acquises en secret. Selon l'écrivain Jean

Malonga, tout adepte du *Lemba* devait demeurer sa vie durant pur, honnête et intègre, état dont le signe manifeste réside dans l'utilisation du *mpemba* ; la craie blanche symbolisait la blancheur, c'est-à-dire la pureté y compris lors de l'épreuve de l'ordalie (*nkasa*). Lors des séances de l'ordalie, l'individu marqué de blanc sur le front, prouvait aussi par cet acte même sa loyauté envers l'ordre du *Lemba.*[36] Par la puissance et la protection qu'il était supposé donner à l'adepte, l'ordre du *Lemba* participait aussi du système de domination d'une minorité d'individus dont la croyance en l'invincibilité de l'adepte relevait tant de la détention du pouvoir politique et spirituel que de la répétition du geste mythique inaugural, réactivé à travers les nombreux rites. Par la croyance mythique et la participation aux activités sacrées du *Lemba,* les adeptes donnaient ainsi du sens à leur existence. Aussi, la proximité du rite initiatique, de la religion et du mythe messianique[37] s'explique entre autre par le fait que les croyances messianiques trouvent une justification et une explicitation qui paraissent plus cohérentes en leur fondement.

Dans les sociétés d'Afrique centrale, les messianismes se sont présentés tous dès le début comme une réponse globale à la situation de domination coloniale et/ou de discrimination raciale, en recourant à l'usage de nombreux mythes : mythes du « peuple élu », du salut par la fin du monde, mythes de l'avènement de l'Age d'Or ou de la cité céleste, mythes d'attente du « sauveur » ; le tout dans un contexte christianisé où la Bible constitue le principal document de référence et d'agitation. Examinons maintenant de quelle manière les premiers mouvements religieux prophétiques de la sous-région d'Afrique centrale firent leur apparition sur le terrain religieux et politique avec leurs mythes fondateurs.

Les premières formes de l'action prophétique du 17e au début du 20e siècle

Une des caractéristiques des sociétés humaines, c'est leur capacité à mobiliser la mémoire collective pour donner un sens au présent et construire l'avenir. La religion, considérée dans son caractère pluriel, comme l'ensemble des croyances et des pratiques visent à rendre un culte à une force ou à un Etre suprême en passant par la médiation du monde des

36. Jean Malonga, La sorcellerie et l'ordre du Lèmba chez les Laris, in revue *Liaison n° 63, mai-juin*, Brazzaville, 1958.
37. Voir notamment Louis-Vincent Thomas et René Luneau, *La terre africaine et ses religions*, Paris, Larousse Université, 1975 ; Encyclopédie Lidis/Brepols, *Mythes et croyances du monde entier*, 5 tomes, Paris, 1986.

ancêtres, des saints et des entités spirituelles garants de l'intégrité et de la vie des individus et de la communauté. Aussi, dans cette situation historique de luttes âpres pour le pouvoir politique et religieux au sein du royaume Kongo, du 16e au 18e siècle, de jeunes prophétesses et prophètes vont inaugurer une nouvelle pratique culturelle de la religion dans le champ politique. C'est dire qu'on ne peut correctement appréhender dans le messianisme le sens unitaire des procédures d'affirmation identitaire et de construction d'un nouvel ordre politique à partir des lectures stratégiques du message religieux, si on ne prend pas en compte la dimension historique du phénomène prophétique, et le contexte socio-politique qui prévalaient au sein des sociétés précoloniales, notamment au sein du royaume Kongo où les adeptes des premiers prophétismes puisent pour une grande part leurs référents historiques et leurs ressources symboliques. Une des données historiques et socio-anthropologiques caractéristiques des communautés culturelles bantu de cette région d'Afrique au 14e siècle fut la segmentation continue des groupes et la construction de leur identité par rapport à la possession d'un triple pouvoir : économique, politique et symbolique. *« L'identité d'un groupe comme tel et l'autorité de son chef sont liées à la possession d'une terre (nsi) : un groupe et son chef sans domaine foncier n'ont ni existence, ni pouvoir, ni prestige reconnus. En se segmentant, le groupe, pour devenir autonome, a besoin d'une terre et d'une autorité légitime : il doit se situer matériellement et politiquement »*[38]. Les rivalités politiques pour le contrôle du pouvoir au sein du royaume Kongo avaient lieu entre les trois lignages Nsundi, Mpanzu et Mbata, particulièrement entre ceux des Nlaza (lignée féminine) et ceux des Mpanzu (lignée masculine) appartenant à la même souche royale d'origine, celle de Lukéni. *« Ceux de Mpangu, comme mâles, ont presque toujours gouverné le royaume qui leur fut enlevé par ceux de la maison Nlaza. De là ces inimitiés et ces guerres qu'il y a entre eux »*[39]. Jusqu' au milieu du 17e siècle, la succession au sein du royaume Kongo se faisait ainsi par le lignage des Mpanzu. C'est en voulant imposer son premier fils du lignage des Nlaza comme son successeur au trône royal que Garcia II provoqua la révolte son second fils, Antonio I du lignage des Mpangu. Celui-ci prit le pouvoir par la force avec l'aide de ses alliés de la province des Mpemba, non sans avoir attaqué son frère aîné et ses alliés de la province des Nsundi. En succédant ainsi à son père Garcia II, le nouveau roi Antonio I fit symboliquement accéder au trône le lignage des Nlaza (lignée féminine). C'est ainsi que dans la province d'Angola, le chef de Wandu et la cheffesse de Mbwila, non contents de l'arrivée du nouveau roi,

---

38. Antonio Custodo Gonçalvès, *Kongo, le lignage contre l'Etat, Dynamique politique Kongo du 16e au 18e siècle*, Evora, 1985, p. 87.
39. Paiva Manso, cité par Gonçalvès Custodo Antonio, *op. cit.* p. 47.

organisèrent la rébellion contre Antonio I avec l'appui des Portugais. Les conflits armés qui eurent lieu entre le pouvoir central détenu par Antonio I et les chefs des provinces d'Angola se terminèrent par la défaite d'Antonio I lors de la bataille de Mbwila en 1665. Et jusqu'en 1710, la guerre civile devint permanente au sein du royaume divisé en deux : d'un côté, le lignage des Mpanzu et ses alliés régnèrent sur une partie du territoire comprenant la capitale M'Banza Kongo (San Salvador pour les Portugais) au centre, et Kimpangu (ou Ambriz) au sud sur les rives du Mbridge (ou Loge). Tandis que le lignage des Nlaza qui détenait le pouvoir avec Joao II s'installait à Kongo dya Lemba (ou Mbula). Et c'est du fait de la domination du lignage des Nlaza au nord que les chefs du lignage des Mpanzu quittèrent M'Banza Kongo pour asseoir momentanément leur pouvoir en un endroit stratégique, au Mont Kimpangu. L'accession au trône chez les Nlaza, en 1694, de Nsaku Mvemba (ou Pedro IV, de son nom chrétien) atténua les hostilités, du fait de sa double filiation de Nlaza par le père et de mpangu par la mère. Et pour renforcer son influence dans le lignage des Mpanzu à MBanza Kongo, Pedro IV fit non seulement une alliance avec son neveu Kabunga, mais épousa Maria Mpangu, la nièce de ce dernier. Derrière ces rivalités politiques, en subsistaient deux autres dans le champ symbolique pour le contrôle du pouvoir temporel et spirituel, rivalités attisées et aggravées depuis l'arrivée des Portugais dans le royaume au début du 15e siècle. La logique symbolique amenait chacun des douze clans kongo à s'identifier à un même ancêtre, héros fondateur ancré dans le système matrilinéaire, tout en se fragmentant de façon continue en fonction des tensions, des intérêts économiques et des contraintes politiques. « *Dans ce double processus de segmentation et d'essaimage,* fait remarquer Antonio Custodio Gonçalvès, *des groupes changent de clan ; un clan vaincu se rattache au clan vainqueur ou au contraire celui-ci s'allie au vaincu pour jouir du prestige d'une puissance magique, à savoir l'esprit chrétien. De ce fait, aucun groupe ne pouvait s'identifier comme tel sans fonder son existence et son autonomie sur l'accord des premiers occupants de la terre et sur les garanties symboliques que ces premiers occupants de la terre lui fournissaient. En imposant la symbolique chrétienne au sein du royaume en crise, les Portugais sapaient à la base l'unité spirituelle sur laquelle repose entre autre l'identité kongo, en plus de la possession de la terre. Or, ni la possession de la terre et ni la consécration spirituelle du pouvoir temporel de Pedro IV qui faisaient défaut ne lui donnaient l'autorité suffisante pour régner véritablement. Pedro IV vivait au Mont Kimpangu et son rival politique Joao II résidait dans son lieu natal, Mbula, revêtu des insignes de la royauté. Les populations voulaient l'unité du royaume qui ne pouvait se faire que dans la capitale Mbanza-Kongo, l'un d'eux devait nécessairement céder le pouvoir à l'autre »*[40]. Le sentiment d'urgence recommandait aux populations autochtones d'éroder la domination portugaise et de subvertir le christianisme occidental qui avait conquis une bonne partie de la population. C'est donc ce climat qui prévalait dans le royaume lorsqu'apparurent les premiers prophétismes.

Le prophétisme qui apparaît au 17e siècle dans le royaume Kongo sous l'initiative, tour à tour, de Francisco Kassola et de deux femmes-prophètes Mafuta Fumaria et Kimpa Vita est le premier signe religieux manifeste de cette rencontre violente entre la société coloniale et la société colonisée. Alors que le christianisme occidental avait déjà fait son apparition au 15e siècle au sein du royaume Kongo, un jeune jésuite, le Père Péro Tavarès y est envoyé en 1629 pour poursuivre le travail d'évangélisation des populations. Ne connaissant pas le pays encore moins la langue, il réussit à prêcher en 1629 et 1632 avec l'aide de catéchistes autochtones rapidement formés au collège de Luanda et sachant parler à la fois le kikongo et le portugais. A l'exception des premiers autochtones de la cour royale, la plupart des personnes converties au christianisme appartiennent à des familles d'esclaves. Cette conversion massive a été d'autant plus rapide qu'elle se faisait en kikongo avec les textes religieux élaborés en 1624 par le Père de Couto. La « simplification » des prières, des chants et du catéchisme, la conversion progressive d'hommes libres du royaume ajoutées aux prises de position parfois contradictoires du Père Péro Tavarès en faveur de ses ouailles devant les violences exercées par les gouverneurs et les planteurs portugais feront accroître son influence au sein de la population. En même temps celle-ci favorisera l'émergence parmi les populations converties d'un courant « nationalitaire » exigeant une africanisation plus poussée du message chrétien en incorporant des divinités tutélaires locales et des figures ancestrales. Et c'est logiquement parmi les anciens catéchistes formés par le Père Péro Tavarès et disposant d'un fort charisme personnel de guérison que surgit un premier prophète autochtone du nom de Francisco Kassola. C'est en 1632 que celui-ci fonde une Eglise indépendante après s'être proclamé « fils de Dieu ». Il parcourt plusieurs contrées du royaume, diffuse une nouvelle religion qui réactive, dans le même dispositif religieux chrétien, les symboliques ancestrales de la croyance, de la prière et de la guérison caractérisées par l'intervention des dieux ainsi que leur proximité dans le traitement des affaires terrestres des hommes. « *Dès que Kassola arrivait dans un village,* souligne le Père Péro Tavarès, *on lui construisait quatre cases, une pour dormir, une autre où il accordait le beau temps, une autre où il accordait de la pluie et une*

40. Antonio Custodio Gonçalvès, *op. cit.* p. 54.

quatrième où il opérait des guérisons. Il prêchait contre l'abstinence aux temps prescrits par les missionnaires et se livrait à des pratiques magiques : dans les maisons où il n'y avait pas de vivres, il faisait apparaître dès le lendemain de sa visite, des calebasses de vin et de fruits de toutes sortes »[41]. Ces nouvelles offres de sens reçoivent d'autant plus d'écho au sein d'un royaume en crise politique dominée par des rivalités de pouvoir qu'elles se doublent, dans leur projet religieux, d'une vision politique de libération du royaume de la domination portugaise.

Plus tard au 18e siècle, une femme-prophète appelée Mafuta Fumaria invoquera elle aussi la figure du Christ pour rétablir l'unité au sein du royaume en ordonnant au roi retiré sur le Mont Kimpangu de revenir dans la capitale MBanza Kongo. Le rapport établi à l'époque par les missionnaires Laurent de Lucques et Bernado da Gallo, dont voici un extrait, semble tout à fait explicite : « *Une vieille femme appelée Apolonia ou Mafuta Fumaria recevait un message de la Madone qui lui apprenait l'indignation du Christ en raison de l'état des choses existant au Kongo (...) Elle ordonnait de réciter trois "Ave Maria" et d'invoquer trois fois la miséricorde divine au tomber de la nuit (...) Elle proclamait que Dieu irait châtier les gens du Kongo s'ils ne reconnaissaient pas la capitale (...) Elle annonçait ainsi avoir trouvé la tête de Christ -une pierre roulée par le fleuve Mbridge, toute déformée par les coups de couteau de la méchanceté des hommes et par les coups de houe des femmes qui travaillaient les jours de fête- fort indigné contre les gens qui habitaient le mont Kimpangu, et avoir reçu une apparition de la Vierge qui lui prédisait des catastrophes qui frapperaient le Kongo si le roi ne se mettait pas en route vers San Salvador : le mont Kimpangu irait brûler et s'écrouler si l'on ne descendait pas bientôt* »[42].

Mafuta Fumaria prônait également la destruction des « fétiches », opérait des guérisons au sein du royaume : « *Beaucoup de gens accourraient vers elle et même la reine avait foi en ses prophéties lorsque Mafuta proclamait que le mont Kibangu serait anéanti par le feu si les Congolais persistaient dans leur refus d'écouter le message du Christ. Les missionnaires cherchèrent à l'arrêter mais le roi et la reine, qui croyaient beaucoup en ses prophéties, continuèrent à la protéger contre l'Inquisition. Déçu par ce qu'il croyait être une attitude équivoque du roi et de la reine, le Père Bernado da Gallo usa de représailles en fermant les portes de l'Eglise aux fidèles* »[43]. Cette action prophétique de Mafuta

41. Cité par Custodio Gonçalvès, p. 115.
42. Cité par Antonio Custodio Gonçalvès, *ibid.*
43. Martial Sinda, *Le messianisme congolais et ses incidences politiques*, Paris, Payot, 1972, p. 40.

Fumaria pour monopoliser les structures symboliques chrétiennes visait à transformer les sites de reconstruction de l'ordre religieux et de l'unité politique du royaume Kongo dans un contexte historique d'articulation de l'instance religieuse et de l'instance politique. Kimpa Vita, une jeune aristocrate de vingt-deux ans, reprend et amplifie l'action prophétique de Mafuta devenue son alliée, et installe de nouveau l'action prophétique féminine dans le champ des luttes politiques d'où l'avait exclu l'ordre colonial. Son nom la prédestinait-elle à une action prophétique ? Martial Sinda précise que ce « *nom de Kimpa encore très répandu chez les Bakongo-Lari du nord de l'Angola, du Congo-Brazzaville et du Congo-Kinshasa, est un nom à signification (nkoumbou ya soulou) et signifie « mystère ». Il est même passé dans le vocabulaire quotidien et signifie en kikongo fable, légende, devinette, mystère, caractère difficile d'une personne. Quant à "Vita", ce nom signifie embuscade, embûche, piège dans le cadre d'une organisation d'une guerre*» [44].

De par son appartenance à la lignée royale et la société initiatique *Marinda,* Kimpa Vita disposait ainsi de puissants moyens politiques et symboliques pour réinventer l'ordre politique par le biais du religieux. Elle se dit avoir été « visitée » par Saint-Antoine de qui elle aurait reçu la mission de restaurer le royaume Kongo et de mettre fin aux rivalités politiques des différents lignages en lutte pour l'accession au trône, comme elle le laisse entendre au Père Bernado da Gallo : « Vous ne voulez pas admettre qu'il y ait des saints au Kongo. C'est pour cela que vous voulez la vieille (Fumaria) dans vos mains pour la châtier. Vous ne voulez pas la restauration du royaume. Vous n'avez pas de courage comme elle le fera ». Baptisée par les Portugais sous le nom de Dona Béatrice, elle réussit à convaincre les populations de son action prophétique et libératrice. En effet, Kimpa Vita, cheffesse du village de Tubii de la région de Soyo appartenait au même lignage que le roi Antonio I. Le soir, dit Bernado da Gallo, missionnaire portugais, « je reçus la visite d'une matrone qui est cheffesse de sa localité (Tubii) et d'autres villages de la principauté de Soyo. Elle ne reconnaît d'autre autorité au-dessus d'elle que celle du roi de Kongo. Ces villages sont toujours gouvernés par des femmes »[45]. Prêchant un nationalisme virulent, Kimpa Vita dénonçait la domination portugaise, condamnait le christianisme européen et revendiquait la création d'une église indépendante. Elle multipliait de la sorte les sites de reproduction de l'identité culturelle kongo et de cumul des ressources symboliques africaines et européennes dans le champ politique. Kimpa Vita se placera sur le terrain religieux colonial pour inaugurer une démarche nouvelle dans

44. Martial Sinda, *ibid.*
45. Bernado da Gallo cité par Gonçalvès, *op. cit.* p. 156.

la production du sens. Haranguant les fidèles du mouvement des Antoniens, Kimpa Vita entonnera une chanson en ces termes : « *C'est là que je dois me tenir envers et contre tous. D'un bout à l'autre du pays, mes frères, mes sœurs, venez m'y rejoindre ! Mbanza Kongo, Mbanza Kongo ! Je vous le dis, ô mes enfants, c'est ici la cité des rois, Bethléem où est né le seigneur Jésus notre sauveur : Mbanza Kongo, Sao Salvador: une même fleur au parterre de Dieu. Qu'elle s'épanouisse de nouveau sous le ciel ! Que les saints nous protègent, et Toi surtout qui portas l'enfant jésus et qui maintenant est en moi. Toi qui nous donneras un roi et la prospérité. Qu'il vienne, qu'il vienne, celui qui doit régner !*»[46]. Par son action prophétique dans la double recharge du politique par le religieux, Kimpa Vita devint ainsi le symbole d'une résistance collective ; celle-ci visait non seulement la libération du royaume kongo de la domination portugaise, mais également l'affirmation et la recherche d'une nouvelle identité culturelle politique. Arrêtée, elle mourra brûlée sur le bûcher. Cette expérience messianique réapparaîtra deux siècles après au 20e siècle avec le kimbanguisme et le matsouanisme. Comment expliquer cette « tradition messianique » dans cette région du Pool ? Au point que les luttes d'influence entre les acteurs politiques congolais des années 1990 amènent certains d'entre eux à parler de la « tare » de cette région qui serait le « problème messianique » ?

Georges Balandier indique les raisons socio-historiques d'éclosion du phénomène messianique par le fait que c'est aux abords du Stanley-Pool que l'action d'évangélisation a été non seulement la plus intensive, mais encore la plus diversifiée. « *Elle a agi sur un ensemble socio-culturel qui portait encore quelques traces de l'œuvre accomplie par les premières missions, actives au sein du royaume du Congo jusqu'au début du XIXe siècle. Les survivances chrétiennes s'inscrivaient librement dans le contexte traditionnel ; elles ont plus contribué aux tendances syncrétiques que facilité l'entreprise des missions modernes. Celles-ci ont d'abord été représentées par les pères de la Congrégation du Saint-Esprit et les sœurs de Saint-Joseph de Cluny ; les deux missions catholiques les plus importantes sont celle de Brazzaville, évidemment, et celle de Linzolo construites très tôt (1884) au centre du pays ba-lali. Elles ont essaimé et constitué un réseau assez dense à travers le pays ba-kongo : Kibouendé et Mbamou (séminaire) en plus de Linzolo pour l'ancien district de Kinkala, Voka pour l'ancien district de Boko, Kindamba et Vindza pour l'ancien district de Mayama -missions auxquelles s'ajoutent les postes établis dans les villages sous l'autorité d'un catéchiste. Cette action catholique, qui se*

46. Ibrahima Baba Kaké, *Dona Béatrice, la Jeanne d'Arc congolaise,* Paris, ABC, 1976, p. 34.

renforce par le rôle que joue jusqu'à maintenant l'enseignement privé, reste la mieux diffusée et la plus efficace. Les missions évangéliques suédoises, précise Georges Balandier, *ne se sont implantées que plus tard. Aux environs de 1910, elles organisent les deux centres les plus actifs : la Musana, proche de Brazzaville, et la Madzia dans le district de Boko -cette dernière exerce son activité sur les Ba-kongo proprement dit qu'elle rallie assez vite sinon définitivement à la religion réformée. L'opposition, Ba-lali catholiques, Ba-kongo protestants, a marqué au cours des dernières décennies la vie politique de toute la région ; le fait que les pasteurs aient été moins "liés" par des intérêts locaux, en même temps que le contenu plus libérateur de l'enseignement qu'ils diffusent, expliquent la profonde impulsion qu'ils donnèrent involontairement aux premières réactions ba-kongo. (..) Il s'est créé un dualisme qui a donné à la religion des Congolais christianisés un dynamisme lui permettant après coup, de s'opposer au christianisme "importé" (...) Elle* (l'évangélisation) *a institué un état de compétition qui fait du domaine religieux un secteur où s'actualisent les conflits »*[47]. Comme l'indique Georges Balandier, c'est dans un contexte religieux chrétien et un contexte politique colonial marqués au Congo-Belge et au Congo-Brazzaville que le kimbanguisme et le matsouanisme trouveront les raisons de leur naissance et de leur diffusion principale dans les sociétés d'Afrique centrale.

47. Georges Balandier, *Sociologie actuelle de l'Afrique,* Paris, PUF, 1963, p. 358-359.

Chapitre III

Le matsouanisme :

une expression de la modernité religieuse et politique ?

Ainsi que nous l'avons démontré dans les chapitres précédents, l'interférence du religieux et du politique dans la région d'Afrique centrale est ancienne. Elle date de trois siècles, et la plus récente date d'au moins 50 ans. Le fait que certains messianismes à l'instar du matsouanisme, aient résisté à l'usure du temps pour affirmer continuellement leur contemporanéité, en accompagnant ou en provoquant des changements sociaux et politiques, recommande une attention toute particulière à ce phénomène qui perdure en ce début de 21e siècle dans le Congo contemporain. C'est pourquoi, l'intérêt de son étude dans le contexte actuel du pluralisme religieux et politique permet de mettre en évidence sa pertinence sociologique et historique en tant qu'outil d'analyse de la société toute entière. La question initiale qui commande la présente réflexion[48] se formule en des termes simples : pourquoi, né dans un contexte colonial en octobre 1945 au Congo-Brazzaville, et malgré la mort de son leader André Grenard Matsoua trois ans auparavant en 1942, alors qu'il était avant tout leader syndical et politique, le matsouanisme, mouvement religieux et politique, a-t-il continué à perdurer en période post-coloniale des indépendances (1960), sous le parti unique (1963 à 1991), et au moment de la démocratisation et des violences politiques et guerrières depuis 1991 à ce jour ? En d'autres termes, qu'est-ce qui fait qu'après plus de 50 ans, le matsouanisme continue d'exister dans un contexte politique, social et économique qui n'est plus le même et continue par ailleurs de s'investir dans la production religieuse d'une identité politique ? C'est dire que cette analyse du matsouanisme n'appartient pas seulement à l'histoire, elle s'inscrit aussi dans la compréhension du présent et du quotidien. En appréhendant le matsouanisme comme champ privilégié d'observation, on veut mettre en évidence ce double mouvement de révolte politique et

---

48. Réflexion faite de manière approfondie dans le cadre de la thèse de doctorat d'Etat intitulée *Mythes du salut et temporalité en Afrique centrale : le matsouanisme à Brazzaville, entre modernisation et démocratisation*, Paris 5, Sorbonne, décembre 2000.

d'attente messianique religieuse, puis poser en hypothèse qu'il est le lieu de production d'un type de discours hiérocratique, c'est-à-dire spécialisé dans la dispensation des biens de salut et d'inculcation continuelle d'une mémoire vive sur le paradigme de la légitimation/invalidation.

En effet, quand on observe les années 1990 en Afrique Centrale, on aurait pu, avec l'accélération des mutations politiques, aboutir à un phénomène de sécularisation. Bien au contraire, on assiste à côté des messianismes et des Eglises chrétiennes « historiques », à une multiplication des églises et des mouvements religieux. En témoigne leur développement particulièrement fort ces dernières années au Congo, particulièrement à Brazzaville, lieu privilégié de la recherche. Il convient maintenant d'en dégager les tendances dominantes. Ce sont :

- les *Eglises de Réveil*, Eglises autonomes appartenant à la mouvance évangélique ou pentecôtiste, qui sont surtout de très jeunes églises ; la plupart d'entre elles ont moins de dix ans, et s'inscrivent dans la lignée croyante pentecôtiste.

- des Organismes interconfessionnels d'évangélisation placés sous le contrôle du *Conseil Oecuménique des Eglises* (COE).

- des Mouvements transconfessionnels telle la *Communauté Internationale des Femmes Messagères du Christ* (CIFMC).

- des Mouvements spiritualistes et philosophiques ainsi que des sectes transnationales (Moon).

Mais en plus des nouvelles églises et mouvements spiritualistes qui occupent actuellement l'espace religieux brazzavillois, il y a aussi comme nous l'avons dit les Eglises « historiques » institutionnelles qui, nées d'une entreprise missionnaire occidentale au début 20e du siècle, ont pris leur autonomie relative au moment de l'indépendance du Congo :

- les Eglises *catholique, protestante, salutiste, et islamiste* (minoritaire) qui sont des institutions anciennes et fortement structurées ; les *Eglises prophétiques* et messianiques qui appartiennent à l'espace culturel du Congo-Zaïre (*ngounzisme, kimbanguisme et matsouanisme)* qui sont liées à l'activité ou à la figure d'un prophète-fondateur Noir, à qui les adeptes reconnaissent une capacité spéciale à entrer en contact avec Dieu et à révéler sa parole, l'investiture divine se manifestant par la réalisation de faits extraordinaires et des miracles de guérison en particulier.

- les Eglises néo-traditionnelles, comme *Bulamananga,* qui revendiquent avec force l'ancrage identitaire ethno-régional.

Dans ce pluralisme religieux, le matsouanisme apparaît comme original et les raisons et l'intérêt de son étude se justifient pleinement. D'abord, après plus de 50 ans, il continue d'exister dans un contexte politique, social et économique qui n'est plus le même et constitue même l'un des acteurs de la vie religieuse et politique au Congo. Puis, analyser le matsouanisme des années 1990, c'est inévitablement mettre en évidence sa pertinence socio-anthropologique et historique en tant qu'outil d'analyse de la société congolaise actuelle. En d'autres termes, en faisant une socio-anthropologie du matsouanisme, il s'agit également d'analyser la société urbaine dans laquelle il se trouve en appréhendant le fonctionnement du champ religieux et du champ politique à Brazzaville. Ceux-ci sont occupés par de nombreux entrepreneurs politiques et religieux d'« en haut » et d'« en bas » qui passent, à des périodes données de leurs trajectoires sociales, d'un champ à l'autre, en fonction des intérêts, des profits matériels et symboliques qu'ils tirent de leurs activités de dispensateurs des biens spirituels de salut ; de même que la pratique religieuse des pasteurs et des prophètes libérerait des initiatives individuelles hors des contraintes familiales de la parenté consanguine au profit d'une parenté spirituelle de « frères et sœurs en Christ ». Et lorsque cette parenté spirituelle investit le champ politique, elle placerait les acteurs religieux qui sont aussi des agents de l'Etat dans une position dominante pour le contrôle des sites de décision et de redistribution du capital économique. Cette idée a besoin, pour être affinée, que l'on précise ici les trois raisons qui ont conduit à l'étude du matsouanisme.

Que signifie pratiquer l'anthropologie en contexte de violences guerrières ?

Le contexte difficile de la recherche sur un terrain sans cesse marqué par de violents mouvements sociaux, notamment les guerres civiles et politiques de 1993-1994, de 1997 et de 1998, la méfiance des matsouanistes vis-à-vis de tout chercheur identifié comme « élément infiltré » ont nécessité plusieurs passages non sans le recours aux différents réseaux sociaux existant de façon diffuse dans les arrondissements de Bacongo et de Makélékélé. Le fait de parler la langue d'appartenance de la plupart des matsouanistes ne suffisait pas. J'ai tenté sans succès de recourir aux relations d'un fils matsouaniste que j'avais eu comme étudiant ; puisqu'aux yeux des enquêtés matsouanistes tout questionnement, ainsi que souligne Philippe Laburthe-Tolra, *« constitue au départ une menace pour la confiance et l'amitié. Toute « mise en question» est vécue par un groupe comme un danger qu'il n'est pas toujours prêt à courir »*[49]. Appartenant à une famille de footballeurs ayant fait la gloire de l'équipe nationale congolaise et de certaines équipes à dominance ethno-régionale proche de celle des matsouanistes, j'obtiens alors dans un premier temps l'indulgence de l'écoute, grâce à un travail patient. La chance devait sourire lorsque j'ai pu rencontrer l'un des neveux de Matsoua, M. M, gardien du patrimoine familial, qui n'appartient pas au matsouanisme religieux, mais à la religion des Témoins de Jéhovah. Son récit parut plus direct et non reconstruit pour la circonstance comme celui que m'avait livré en 1991 Victor Wamba, alias De Wambert-Saint Fieffé de Bacongo, l'un des matsouanistes « lettrés » des années 1950 et qui vivait encore à Brazzaville, dans l'arrondissement 2 Bacongo. Les documents iconographiques remis et les différents entretiens réalisés sont judicieusement exploités dans cette recherche. Les conditions de l'enquête n'ont pas été faciles. Pour plusieurs raisons, celle-ci s'est faite en deux phases : d'abord entre 1983 et 1989, en pleine période de surenchère idéologique marxiste-léniniste. A l'heure où la religion était présentée seulement comme « l'opium du peuple », le matsouanisme était considéré comme « réactionnaire » pour la « lutte anti-impérialiste du peuple congolais contre l'impérialisme international ». Pour cela, la plupart des matsouanistes, en dehors de quelques irréductibles, refusaient tout contact avec qui que ce soit en dehors de leurs cercles habituels. On ne pouvait pas participer à leurs cultes, ni obtenir un quelconque entretien de la part des chercheurs vite assimilés au *"ngongi"* (en langue kongo, indicateur) de la sécurité d'Etat. La seule ouverture possible était le centre thérapeutique de Mpissa, lorsqu'on y allait se faire soigner ou solliciter l'intervention du guérisseur matsouaniste. Le champ de la guérison fut dans cette première phase la voie idéale consistant à accompagner une personne malade aux côtés de sa famille dont la présence était exigée lors du déroulement des séances de guérison. Cet aspect de la question sera développé dans la seconde partie du travail. La seconde période de la recherche s'est déroulée entre 1990 et 1998[50]. La conjonction des dynamismes sociaux externes (chute du « mur de Berlin » en 1989) et des dynamismes internes (multiplication des mouvements sociaux au Congo suivie de l'affaiblissement du parti unique, le PCT, démocratisation politique et pluralisme religieux, etc..), seront un moment propice pour la

---

49. Philippe Laburthe-Tolra, *Critiques de la raison ethnologique*, PUF, Paris, 1998, p. 13.

50. Voir notamment, Joseph Tonda et Abel Kouvouama, *Nature des recours thérapeutiques et modalités de recherche de la guérison au Congo,* Brazzaville, Orstom, 1990 ; Marc-Eric Gruénais, Abel Kouvouama, Joseph Tonda, *Prophètes, prophéties et mouvements religieux dans le Congo contemporain*, Paris, Orstom, 1992 ; Abel Kouvouama, Conférence nationale et modernité religieuse au Congo, in *Questions sensibles,* Paris, PUF, 1998 ; Elisabeth Dorier-Apprill et Abel Kouvouama, Pluralisme religieux et société urbaine à Brazzaville, in *Afrique contemporaine n° 186*, Paris, La Documentation française, 1998.

recherche ; ce d'autant plus que la multiplication des maladies, la montée en puissance des accusations en sorcellerie, l'accroissement de la pauvreté sont l'occasion pour les matsouanistes, toutes tendances confondues, de réaliser une percée prudente sur le marché des biens de salut, tout en continuant leur grève eschatologique vis-à-vis de l'Etat congolais. C'est durant ces phases de la recherche que j'ai pu patiemment recenser une partie de la population matsouaniste à Brazzaville[51]. L'estimation faite de façon graduelle permet d'avancer le chiffre de 1 100 adeptes répartis par ordre d'importance, et selon les sept (7) arrondissements de Brazzaville : Bacongo, Makélékélé, Mfilou, Moungali, Ouenzé, Talangai et Poto-Poto (voir la carte). La plupart d'entre eux n'ont pas voulu décliner leur identité réelle ni indiquer leur lieu d'habitation, mais lors de grandes cérémonies matsouanistes, tous se retrouvent à Mpissa, quartier de Bacongo ; les leaders des différentes tendances se réunissent au « gouvernement central » de la rue K. toujours à Bacongo. Ainsi, sur les 1 100 personnes recensées, on compte 850 hommes dont l'âge varie entre 26 et 70 ans ; 175 femmes de 25 à 60 ans ; et 75 jeunes filles et garçons avec un âge variant entre 14 et 25 ans. En ce qui concerne la profession, on note par ordre d'importance une majorité de commerçants, suivis des artisans et des agriculteurs, tous des travailleurs indépendants qui se livrent aussi à la pluriactivité. Viennent les employés de bureaux, les étudiants et les élèves en infime minorité, et qui sont pour la plupart fils et filles de matsouanistes.

Il convient tout de même de souligner cette tendance à l'autonomisation des matsouanistes qui s'inscrit dans leur projet politique depuis 1945 : Matsoua étant le « messie » déjà venu mais encore attendu est à leurs yeux le véritable détenteur du pouvoir politique usurpé par tous les « flatteurs Noirs » qui se sont succédé jusqu'à ce jour à la tête de l'Etat congolais. Dans cette attente messianique, les matsouanistes poursuivent la grève eschatologique qui se traduit par le refus de payer l'impôt depuis l'époque colonial (avec l'impôt dit des « trois francs ») ; le refus de posséder une carte d'identité nationale, de se faire soigner dans les hôpitaux et dispensaires publics ; de se faire recenser par l'Etat. Ceux qui sont employés de bureaux, élèves et étudiants appartiennent à la jeune génération d'enfants matsouanistes plus soucieux d'assurer leur avenir matériel en milieu urbain que d'imiter leurs parents. J'ai eu ainsi l'occasion d'avoir des fils matsouanistes parmi les étudiants à l'Université de Brazzaville, mais tous y compris les employés de bureau dissimulent pour des raisons diverses leur appartenance au matsouanisme. C'est la raison

51. Malheureusement ces matériaux écrits et sonores ont été brûlés avec ma maison lors de la guerre de décembre 1998-avril 1999.

pour laquelle, ces jeunes fils et filles de matsouanistes ont créé la tendance « Amicale-Bulamananga » qui s'efforce également de moderniser leurs cultes en fixant leur dogme par écrit, comme nous le verrons plus loin.

C'est pourquoi, cette partie de la réflexion, tout en l'inscrivant dans la « longue durée », se propose cependant d'analyser le phénomène matsouaniste dans son devenir actuel au Congo-Brazzaville : en appréhendant le matsouanisme comme champ privilégié d'observation, j'ai cherché à mettre en évidence ce double mouvement de révolte et d'attente qui a toujours caractérisé les messianismes congolais, particulièrement le matsouanisme. En effet, les aspirations nationalistes qui les accompagnaient inscrivaient les luttes menées dans le champ global de revendications des peuples opprimés, mais, très vite, l'ambivalence caractéristique des messianismes, à la fois désir de changement social et retour vers le passé, vers les origines m'avait amené à en circonscrire les conditions universelles d'apparition[52]. Les mutations sociales rapides au sein de la société congolaise en particulier ont également mis en évidence le caractère complexe des mouvements politico-religieux.

C'est ce qui m'amène à vouloir repérer dans les pratiques des acteurs matsouanistes, toutes les formes de logiques sociales et symboliques susceptibles de rendre compte de cette foisonnante production de sens et de conduites particulières. Les raisons invoquées sont multiples et je retiens délibérément quelques unes à titre heuristique. Premièrement, les pratiques sociales et systèmes symboliques analysés ici portent la marque des contextes spécifiques définis dans un double rapport endogène-exogène. Le développement du capitalisme monopoliste a favorisé son expansion conquérante hors des frontières du continent européen. Il a imposé un modèle unique d'évolution des sociétés autres asservies, colonisées et dominées par les forces politiques et militaires d'alors. Les incidences qui se sont produites à l'intérieur des sociétés autres ont mis en valeur leur capacité de résistance, puis d'adaptation. Les conséquences multiples qui ont résulté de l'affrontement, du choc des dynamismes sociaux et culturels différents, ont permis de mesurer les effets contraignants de la surimposition coloniale et les exigences de la situation nouvellement créée. Qu'il s'agisse du domaine politique, économique et social ou du domaine culturel, l'existence d'un pôle mixte des activités matérielles et spirituelles conduit à admettre au sein de la société congolaise la permanence d'une logique sociale endogène et d'une logique sociale exogène ; leur agencement souvent difficile et tumultueux se faisant la plupart du temps dans un va-et-vient continuel au profit de la

52. Abel Kouvouama, *Messianisme et révolution au Congo,* thèse de doctorat de 3e cycle en Anthropologie, Paris V, 1979.

seconde. C'est ce qui a fait très tôt l'objet de plusieurs études sur la dialectique de la tradition et de la modernité et que l'analyse dynamiste, particulièrement celle de Georges Balandier, puis celle de Louis-Vincent Thomas, contribuera à en corriger les aspects trop rigides et simplistes. Deuxièmement, la désorganisation des repères culturels et sociaux à l'intérieur de la société congolaise a montré que la recherche et le renouvellement des imaginaires sociaux ne pouvaient se faire sans une réévaluation des anciens codes culturels, sans une réappropriation sélective des matériaux étrangers ; le religieux, le politique, le culturel, la famille, tout semble apparaître retravaillé, réévalué et réadapté au contexte. Ce travail interroge donc le matsouanisme autour de cette matrice commune du religieux et du politique ; parce que leur instrumentalisation par les adeptes du mouvement sert à repenser le monde par la force des images et des relations d'images, c'est-à-dire convoque en session des images-forces qui cristallisent deux événements, le fait colonial et l'élément chrétien, ainsi qu'une figure historique devenue messianique et mythique, André-Grenard Matsoua, ceci par leur valeur créatrice et archétypale. Par conséquent, il convient de bien appréhender la réalité sociale et historique qui entoure l'étude du matsouanisme : premièrement, le champ d'investigation correspond à celui de la plupart des sociétés africaines dont le processus historique de développement interne a été interrompu au contact de la « situation coloniale » ; il y a donc lieu de reconsidérer l'objet d'analyse en tenant compte des contradictions spécifiques à cette réaction messianique des sociétés dominées. Deuxièmement, par l'emprise de la société coloniale sur la société colonisée, et des réactions qui s'en ont suivi, il a pu naître une idéologie nationalitaire dont le processus de formation a été d'autant plus rapide que le fait colonial plus rigoureux excluait toute indépendance politique. Ensuite, cette idéologie nationalitaire s'est trouvée renforcée par les aspirations populaires contenues dans des revendications religieuses de salut ; ces effets conjugués ont donné naissance à des vastes mouvements sociaux de contestation politique; laquelle contestation politique s'est poursuivie sous différentes formes en période post-coloniale, depuis les indépendances jusqu'à la période actuelle de la démocratisation. Ainsi, tout en situant historiquement l'apparition du matsouanisme au Congo, on tentera de saisir le temps fort sous lequel il remplit un rôle politique et social.

Il apparaît également utile dans ce travail de prendre en compte dans la « longue durée » les études faites sur le religieux en Afrique, notamment en Afrique centrale et au Congo. Cette démarche permet de mesurer à la fois la prégnance, les formes de recomposition du religieux et les modes de transaction du sacré dans les sociétés africaines, particulièrement dans la société urbaine brazzavilloise. Elle permet aussi de mettre en perspective historique des travaux de référence, même si ceux-ci sont aujourd'hui remis en cause, voire contestés, et de donner des éléments de réinvestissement dans le débat scientifique sur les formes contemporaines des christianismes africains[53]. En effet, le pluralisme croissant des demandes de signification individuelle du croire et des productions imaginaires qui leur correspondent émerge dans un contexte général de pluralisme politique et de crise des Etats. La succession d'analyses parfois contradictoires sur la signification des « effervescences religieuses » ainsi que les problèmes d'interprétation entre religion et crises socio-politiques ont remis à l'ordre du jour, l'interrogation sur les liens entre religion et politique, sur le phénomène de la sécularisation[54]. On se demanderait alors en ce qui concerne particulièrement les prophétismes africains des périodes coloniale et postcoloniale, dans quelle mesure l'articulation de l'instance religieuse et de l'instance politique devient en réalité socialement pertinente pour les acteurs en période de fortes crises ? En appréhendant donc le matsouanisme comme champ privilégié d'observation, il s'agit de comprendre également comme je l'ai dit plus haut, le double mouvement de révolte et d'attente qui a caractérisé la plupart des messianismes d'Afrique Centrale, particulièrement le messianisme matsouaniste. Par conséquent, les nouvelles lectures des mouvements religieux qu'imposent dorénavant la multiplication et la diversification de l'offre religieuse en milieu urbain conduisent à se pencher de nouveau sur les recompositions religieuses et sur les formes variées du croire. La première hypothèse retient que dans la stratégie matsouaniste, le rapport entre le temps du mythe et le temps du monde recontextualise la logique de l'espérance ; celle-ci se fonde sur la relecture permanente des événements religieux et politiques passés, la réactivation des structures de crédibilité et de croyance, la référence constante à la figure intemporelle du « messie » Matsoua et l'invocation emphatique de sa grandeur et de sa puissance. La seconde hypothèse vise à démontrer comment, d'une part, en liant le politique et le religieux, en puisant massivement dans le registre culturel autochtone, et, d'autre part, en se réappropriant l'organisation liturgique propre au christianisme et en construisant une nouvelle représentation de l'ordre politique à partir des lectures locales du message chrétien, le

53. Une bibliographie bien fouillée faite par notre Equipe Orstom/Cnrs a recensé pour l'Afrique les principaux travaux sur la question ; lire pour cela Jean-Claude Barbier, Elisabeth Dorier-Apprill, Cédric Mayrargue, *Les Formes contemporaines du christianisme en Afrique*, Les bibliographies du CEAN n° 9, Institut d'Etudes Politiques de Bordeaux, CEAN, 1998. (Préface d'A. Kouvouama).

54. Voir notamment Max Weber, *L'Ethique protestante et l'esprit du capitalisme* ; Marcel Gauchet, *Le désenchantement du monde,* Paris, Gallimard, 1985 ; Yves Lambert, « Religion et modernité, une définition plurielle pour une réalité en mutation », in, *Cahiers Français n° 273, La Documentation Française*, octobre-décembre 1995, p. 3-12.

matsouanisme a joué et continue de jouer un rôle significatif dans l'affirmation d'une double identité ethnique et urbaine ; celle-ci se vérifierait à travers le processus de différenciation sociale, religieuse et culturelle du mouvement. Pour en vérifier la pertinence, les enquêtes quantitatives et qualitatives menées de manière systématique de 1995 à 1998 sur les caractéristiques et les pratiques religieuses des adeptes du matsouanisme, ainsi que sur la structure de leur « Gouvernement central » situé dans l'un des arrondissements (Bacongo) de Brazzaville ont permis de comprendre la dynamique actuelle du mouvement, ainsi que ses rapports avec d'autres mouvements religieux ngounzistes, tel Bulamananga auquel il sera consacré une part importante de ce travail. La troisième hypothèse consiste à dire que, faute de n'avoir pu s'assurer un monopole effectif dans la production du sens et des structures symboliques qui le portent, le matsouanisme a été amené à se positionner davantage que par le passé sur le marché de la guérison. On s'attachera en particulier à comprendre ce qu'a été sa stratégie dans ce domaine et les raisons de son succès, en examinant les caractéristiques de la clientèle et du marché. Enfin, on essaiera de voir si ce positionnement sur le marché de la guérison n'affecte pas la dimension politique constitutive du message religieux, en d'autres termes si la dimension messianique qui constitue sa spécificité ne se trouve pas occultée. Il s'agira aussi de savoir comment, tout en gardant la référence à la figure de André Matsoua, le matsouanisme s'est adapté à la concurrence de nouvelles religions, et comment la forme sociale qu'il constitue se maintient tout en se modifiant dans le contexte actuel du pluralisme religieux et politique, constitutif de la production de la modernité politique et religieuse au Congo.

Nous nous appesantirons, d'une part, sur sa dimension identitaire pour montrer son importance dans la refabrication de la cohésion religieuse et politique du matsouanisme ainsi que dans l'affirmation de sa modernité urbaine ; d'autre part, sur le rôle fondamental de la guérison au centre thérapeutique du quartier Mpissa comme structure centrale de résolution des problèmes des citadins ; sur les modalités de production de la croyance et du don de guérison dans le matsouanisme dans la recherche de l'efficacité sociale et symbolique de la guérison et de l'invention de nouvelles formes de socialités.

Brève histoire du matsouanisme

Entreprendre une histoire du matsouanisme et de ses vicissitudes, c'est s'offrir le difficile pari de comprendre et d'expliquer les mutations survenues à l'intérieur du mouvement messianique, en formulant une série de questions auxquelles on tentera d'apporter des éléments de réponse. On peut d'entrée de jeu se demander comment, tout en gardant la référence à Matsoua au cours des différentes périodes -période de domination du pouvoir colonial, puis du pouvoir post-colonial (libéral et marxiste)-, le matsouanisme s'est adapté à chaque fois avec la concurrence de nouvelles religions. En d'autres termes, comment le matsouanisme (élément porteur à la fois de changement par la transformation religieuse du monde et de résistance à l'évolution) va perdurer, puis s'adapter aux différents contextes sociaux. Est-ce un mouvement qui avait sens dans un contexte et qui continue d'exister dans un autre contexte ? Ce qui conduit par conséquent à analyser les possibilités d'adaptation du matsouanisme afin de vérifier si son évolution est endogène ou bien exogène et portée par le contexte. Or, la plupart des études consacrées au messianisme matsouaniste depuis les années 1960 ont pronostiqué sa rapide décomposition, la perte inéluctable de son influence au sein de la population congolaise avec l'avènement de l'indépendance et la naissance des partis politiques autochtones[55]. Par conséquent, étudier le matsouanisme, l'analyser dans ses changements, dans ses adaptations et dans sa durée en prenant le temps en considération, obéit à une démarche logique qui vise à repérer dans les « temps longs », les trajectoires des réinventions religieuses, ainsi que la dimension de la temporalité pour expliquer les interactions entre les manifestations religieuses et les dynamiques politiques des époques coloniales et post-coloniales. La période fondatrice du matsouanisme est portée par plusieurs faits tout à fait révélateurs d'une gestion du temps fondée, dans un premier moment, sur la rupture avec l'événement colonial. En effet, l'arrivée au pouvoir de l'Abbé Fulbert Youlou en 1959 a été marquée par une lutte ouverte avec les matsouanistes qui subiront une forte répression suivie de leur dispersion dans les différentes prisons du territoire congolais. Cela n'a pas empêché la reconstitution du mouvement. Durant la période révolutionnaire 1963-1991 dominée par l'idéologie marxiste-léniniste et le parti unique, le matsouanisme a continué à se manifester publiquement sans s'interroger le moins du monde sur son caractère « illégal ». En 1990, à la veille de la Conférence nationale et à la faveur de la libéralisation de la vie politique et religieuse congolaise, le matsouanisme redouble de succès parmi les populations urbaines de Brazzaville, particulièrement les jeunes des arrondissements de Bacongo et de Makélékélé issus de l'ethnie kongo-lari et de certains partis politiques naissants. Qu'est-ce qui explique alors la permanence du matsouanisme après plus de 50 ans d'existence ? En

55. Lire pour cela Martial Sinda, *Le Messianisme congolais et ses incidences politiques*, Paris, Payot, 1972. Woungly-Massaga, *La révolution au Congo. Contribution à l'étude des problèmes politiques en Afrique Centrale*, Paris, Maspero, 1974.

d'autres termes, comment, tout en gardant la référence à André Matsoua, le matsouanisme s'est-il adapté à la concurrence de nouvelles religions ; quelle est la technique de diffusion de son idéologie messianique, alors que le matsouanisme semble apparemment marqué par un double déficit d'institutionnalité et d'universalité ? Dans ces différents contextes socio-politiques et religieux le matsouanisme arrive-t-il à conserver sa propre identité ?

Afin de bien appréhender la dimension de la temporalité dans le matsouanisme, on se penchera surtout sur l'explication des procédures de prescription et de régénération du temps dans la perspective du changement et de la recherche de salut. Ces nouvelles procédures et directives d'invention de la société par le biais du religieux visent à assurer le monopole et la transformation des structures symboliques qui constituent pour les fidèles matsouanistes un des sites de construction de l'ordre et de l'hégémonie du mouvement religieux. C'est pourquoi, la mise en rapport dans le matsouanisme d'un fait de conscience avec l'événement colonial, ou bien d'un « temps de l'âme » avec le « temps du monde », selon la formule de Paul Ricoeur, va inaugurer une nouvelle « tradition » dans la dynamique de la société colonisée ; précisément, celle qui consiste à subvertir le discours religieux chrétien occidental à des fins pratiques et symboliques de libération de la communauté opprimée, suivant des logiques sociales qui sont soit la logique adventiste (attente pure) et la logique d'espérance, soit la logique active de la subversion. Ces logiques adventiste et active, parce qu'elles sont des logiques d'indocilité et d'insoumission, impliquent l'expérience de la souffrance messianique à travers la lecture par les leaders religieux et/ou politiques de l'événement colonial, ainsi qu'à travers l'appel à la révolte eschatologique, tel que cela se lit dans le matsouanisme, mouvement religieux messianique qui surgit dans un contexte politique fortement marqué. En privilégiant les enquêtes qualitatives, on a voulu repérer dans les discours et pratiques des acteurs matsouanistes toutes les formes de logiques sociales et symboliques susceptibles de rendre compte de cette foisonnante production de sens et de conduites particulières. Les raisons invoquées sont multiples, nous en retiendrons délibérément quelques unes à titre heuristique. Premièrement, les pratiques sociales et les systèmes symboliques analysés ici portent la marque des contextes spécifiques définis dans un double rapport endogène-exogène. Les conséquences multiples qui ont résulté de l'affrontement, du choc des dynamismes sociaux et culturels différents ont permis de mesurer les effets contraignants de la surimposition coloniale et les exigences de la situation nouvellement créée. Le renouvellement des imaginaires sociaux s'est réalisé à travers la réévaluation d'anciens codes culturels endogènes et la réappropriation sélective des matériaux étrangers touchant particulièrement le religieux, le politique et le culturel.

Dans un tel contexte, quelle signification et quelle portée sociologique l'articulation de l'instance religieuse et de l'instance politique dans le matsouanisme peut-elle avoir pour les agents sociaux en période de fortes crises ? Et comment l'identité convoquée ici comme cadre d'analyse permet-elle de comprendre la production de l'identité politique valorisée par les matsouanistes comme catégorie de pratique sociale, au sens ou l'entend Pierre Bourdieu, c'est-à-dire catégorie de l'expérience sociale quotidienne développée par les agents sociaux ordinaires? En tant que catégorie de pratique sociale, l'identité, note Rogers Brubaker, est en oeuvre dans la vie quotidienne et dans les formes variées de politique identitaire. Elle est utilisée par les agents sociaux dans certaines situations pour rendre compte de leurs activités avec les autres. En tant que catégorie d'analyse, l'identité est polyvalente : premièrement, comme fondement de l'action sociale ou politique, l'identité est opposée à l'intérêt pour « *souligner de quelle manière l'action -individuelle ou collective- peut être gouvernée par des autocompréhensions particularistes* »[56]. Deuxièmement, appréhendée comme un phénomène spécifiquement collectif, l'identité traduit une similitude fondamentale et conséquente entre les membres du groupe. Mais l'identité, troisièmement, constitue un aspect central de l'individualité, elle est une condition fondamentale de l'être social. Elle « *est invoquée pour désigner quelque chose de supposément profond, fondamental, constant ou fondateur* ». Quatrièmement, en tant produit de l'action sociale ou politique, l'identité désigne une solidarité ou un sentiment de groupe qui rend possible l'action collective[57]. Dans ce chapitre, on indiquera la genèse du mouvement, c'est-à-dire dans quel contexte il naît, et quelles sont les formes de réappropriation du sens chrétien ; ainsi que le mode d'adhésion des membres, et comment cette adhésion devient une pratique religieuse et un mode de vie; enfin comment le matsouanisme acquiert une dimension politique.

---

56. Rogers Brubaker, « Au-delà de l'identité » , in *Actes de la recherche en sciences sociales n° 139 septembre 2001*, Paris, p. 66-87.
57. *Ibid*, p. 71-72.

André Grenard Matsoua : de la création de l'Amicale à la naissance du matsouanisme

L'enfance de Matsoua

Les faits restitués ici proviennent aussi bien de l'enquête documentaire que des entretiens que nous avons réalisés en avril 1997 à Brazzaville avec D.M., neveu de Matsoua né le 6 mai 1930. Plus précisément, c'est Maléka, la soeur de Matsoua qui a donné naissance à D.M. Il est actuellement dans la lignée matrilinéaire de Matsoua, le chef de famille en second, après F. B. Il raconte : « *Dans le clan, lorsque nous avons un problème, dit-il, nous nous retrouvons tous au village avec nos petits frères, nos neveux et nos cousins paternels, et nous arrangeons le problème. Nous nous entendons très bien. Quand un parent meurt au village, c'est au village que nous organisons la veillée ; et si c'est à Brazzaville, nous l'organisons ici dans la quartier Mbama (Bacongo) ou chez le grand frère Boudzoumou au quartier total (Bacongo)* ». La plupart des écrits sur le matsouanisme indiquent que Matsoua André naquit le 17 janvier 1889 à Lukuandzolo-Mbemba, dans la région du Pool (Kinkala). D.M. parle plutôt du village appelé Nianga toujours près de Kinkala. Issu d'une famille de paysans pauvres de quatre enfants ; Matsoua André était l'aîné, suivi de Malonga mâ Ngoma, mort en 1980, de deux filles, Maleka (morte en 1979) et Madiéta. Un mythe entourait déjà son enfance, d'après les propos de D.M. : en effet, enfant agité, il se retrouvait souvent dans une position inverse lorsque sa mère, pour se rendre au marché, le portait sur le dos à califourchon. De plus, remarquable par son intelligence, poursuit-il, Matsoua aurait passé à peine six mois dans chaque classe à l'école primaire avant d'obtenir le certificat d'études primaires et élémentaires. Sous l'insistance des prêtres, André Grenard Matsoua entre à l'Ecole Catholique de Mbamou, avant d'être envoyé par la suite comme catéchiste à Kololo près de Mpangala ; ensuite il obtient un emploi en 1919 à Brazzaville et exerce le métier de préposé des douanes. Selon D.M., il gagnait 15 F par mois, et il aurait ainsi réussi à acheter trois domaines, l'un à Nianga, un autre à Mandzakala qu'il céda à ses parents de la lignée paternelle, puis un troisième domaine à Goma-Tsé-Tsé où travaillait encore avant la guerre de 1998-1999 Madiéta, sa sœur cadette. De par son capital économique et sa position sociale d'« évolué », selon les termes de l'administration coloniale, Matsoua André faisait figure d'intellectuel ayant une certaine influence au sein de la population de Brazzaville et des contrées environnantes.

Document n° 1

Malonga mâ Ngoma, frère cadet de Matsoua

De l'arrestation à la mort de Matsoua

En dépit de sa ferveur religieuse, Matsoua André se mit à la recherche d'un emploi rémunérateur. Il quitte en 1919 sa fonction paroissiale pour devenir un Préposé des Douanes à Brazzaville. A peine a-t-il travaillé pendant deux années, qu'il éprouve alors le besoin d'aller à « l'aventure » en Europe en 1921, en passant d'abord par Matadi (Zaïre), ensuite la Belgique avant de gagner la France par Bordeaux, puis Marseille. Il s'engage comme volontaire dans l'armée française et participe à la guerre du Rif au Maroc en 1924-1925. A la fin de la guerre, Matsoua obtient le grade de sous-officier, s'installe à Paris et travaille comme comptable dans un service d'assistance publique. Il fréquente alors le milieu des travailleurs noirs syndiqués de « *l'Union des Travailleurs Nègres* », où il fait la connaissance d'un jeune avocat dahoméen, Kodjo Tovalou Houenon. Celui-ci créera par la suite une autre organisation syndicale, la « *Ligue Universelle de Défense de la race noire* ». L'éveil du sentiment nationaliste et le désir d'avoir une organisation s'occupant plus spécifiquement des problèmes concernant les travailleurs issus des pays d'Afrique près de l'équateur poussent Matsoua André à créer lui aussi à son tour, le 17 juillet 1926, « *L'Association Amicale des Originaires d'Afrique Equatoriale Française* ». Celle-ci est reconnue légalement par la Préfecture de Police le 21 juillet 1926 sous le n°164-649. Selon l'article 4 des Statuts, l'Amicale a pour but :

- d'établir et de resserrer les liens d'amitié entre ses membres.

- d'aider ceux de ses membres qui, par suite de circonstances indépendantes de leur volonté, se trouveraient malades.

- de faire tout ce qui lui sera possible pour élever le niveau moral et intellectuel des originaires de l'Afrique Equatoriale Française et cela, en dehors de toutes préoccupations politiques et religieuses.

Matsoua se singularise très vite par son activisme militant dans la défense des droits sociaux des travailleurs d'Afrique centrale en France. Afin de faire connaître l'Amicale au Congo-Brazzaville, deux délégués, Pierre N'Ganga et Constant Balou, sont envoyés le 25 septembre 1929 à Brazzaville. « *Les deux délégués* précise Martial Sinda, *sont reçus à Brazzaville par un membre du cabinet du gouverneur général Antonetti ; ce haut fonctionnaire accueille avec bienveillance l'exposé des buts poursuivis par l'association ; il s'intéresse vivement aux projets amicalistes et, sur sa proposition, le gouverneur général de l'A.E.F. vote au profit de l'Amicale une subvention annuelle de 1000 F. Cfa. Le gouverneur général accorde également son soutien aux deux délégués qui,*

Document 2

Grenard André Matsoua en tenue de régiment

avec son autorisation, entreprennent une longue tournée dans le pays. Considérés comme envoyés officiels de l'association, les deux hommes portaient un brassard tricolore sur lequel on pouvait lire leur titre « Délégués de l'Association de l'A.E.F. ». Leur but est de démontrer à tous les Congolais l'intérêt qui s'attache à la poursuite de l'action sociale entreprise par l'Amicale ; ils désirent également recueillir des fonds pour l'Association »[58]. La mobilisation populaire dans les villes et les campagnes suscitée par la venue des deux délégués syndicaux, ainsi que la nouveauté de leurs discours d'espérance sur l'amélioration des conditions de vie dans les colonies ont vite fait basculer leurs propos dans le champ politique. « *Les discours prononcés prennent la forme et le ton de discours politiques. De village en village, de marché en marché, partout dans le pays, les gens parlent de l'association ; les nouvelles les plus extravagantes circulent ; les propos des délégués, colportés et transformés, subissent les interprétations les plus excessives. Un espoir tenace s'installe bientôt au cœur des Congolais, celui de retrouver l'indépendance politique qu'ils ont perdue depuis l'arrivée des Blancs* »[59]. Au regard de son succès au Congo-Brazzaville et des échos qui parviennent en France, l'adhésion à l'Amicale devient massive, l'association s'ouvre alors à tous les ressortissants de la Centrafrique, du Congo-belge, du Gabon, du Tchad et du Cameroun. Brazzaville est leur siège social. La notoriété acquise par l'Amicale oblige Matsoua à accepter la fusion de celle-ci avec d'autres associations de travailleurs noirs plus progressistes, puis la reconnaissance et l'adhésion de l'Amicale à la Ligue internationale. Cette ouverture de l'Amicale aux idées politiques progressistes la conduit alors de plus en plus dans la dénonciation des atrocités coloniales commises sur le terrain africain. L'effervescence populaire et la révolte sourde qui montent dans les colonies inquiètent l'administration coloniale qui décide de l'arrestation des deux délégués de l'Amicale à Brazzaville. De même à Paris, Matsoua André qui avait déjà obtenu la nationalité française sera arrêté en décembre 1929, pour « escroquerie et incitation à la violence, à la révolte politique ». Transféré au Congo, il sera jugé en avril 1930. « *Brazzaville des années 30 vit dans une atmosphère de trouble. Des incidents éclatent partout : des Blancs et des Noirs se battent comme s'ils avaient oublié de cohabiter. Les rapports entre les deux communautés continuent à se dégrader (...) Au cours des mois qui suivront et surtout à la veille du procès de Matsoua, la tension inter-raciale ne fera que s'accentuer. Des articles haineux et filandreux seront publiés et tous demanderont que les coupables soient punis de la*

58. Martial Sinda, *Le messianisme congolais et ses incidences politiques,* Paris, Payot, 1972, p. 170-171.
59. Martial Sinda, *op. cit.*, p. 171-172.

peine de mort. On alla même jusqu'à accuser le ministre Piétri, alors secrétaire d'Etat aux colonies, de prendre les fauteurs de troubles sous sa protection personnelle »[60].

Déporté au Tchad où il devait purger ses peines, Matsoua réussira, grâce à de nombreuses complicités parmi les « évolués » de l'administration coloniale, à s'enfuir le 17 septembre 1935 pour regagner clandestinement la France. Pendant trois ans, il vivra à Paris sous une fausse identité avec le pseudonyme de Mbemba Kouvikissi André ; ceci jusqu'au jour où il sera de nouveau arrêté le 3 avril 1940 à l'Hôpital Beaujon à Paris, des suites d'une blessure reçue lors d'un combat aux côtés des troupes françaises pendant la Seconde Guerre mondiale. Arrêté et transféré de nouveau au Congo en mai 1940 et jugé en février 1941, Matsoua André sera condamné aux travaux forcés à perpétuité. Purgeant ses peines à Mayama, il mourra dans sa prison le 13 janvier 1942. Les circonstances de sa mort restent inconnues. Deux versions différentes contenues dans deux rapports issus de l'administration coloniale avancent des raisons médicales, tantôt à la suite d'une dysenterie bacillaire, tantôt après une forte pneumonie. La rumeur de la mort de Matsoua pour coups et blessures serait fondée à la suite des propos, signalés par Martial Sinda[61], qu'aurait tenus l'Abbé Auguste Nkoukou de l'Eglise catholique exerçant son ministère dans le district : « *Quand j'eus appris que l'état de santé de Matsoua Grenard laissait à désirer, je me décidai à me rendre en hâte à Mayama, dans l'intention de lui proposer les derniers sacrements. Mais j'arrivai trop tard. Grenard était mort le 13 janvier à 5h du matin, dans la prison de Mayama. Il avait reçu la veille un coup de crosse d'un milicien. Après ce coup, il vomit du sang et dit : "C'en est fait de moi". L'enterrement, sans pompe, avait eu lieu le jour même. Etaient présents à Mayama à mon arrivée : M. et Mme Perret, M. de Vivie, M. Néré N'Tounda, M. Ange M'Bemba...* ». Mais les populations ne voient ni son corps, ni la tombe. C'est à ce moment précis que commence alors la mise en place du processus de mythification du personnage, puisque les populations n'admettront jamais sa mort, mais seulement sa disparition dont le mystère ne pourrait être levé qu'à la faveur d'une nouvelle apparition. Georges Balandier le souligne parfaitement : le personnage de Matsoua « *se prête à tous les "traitements" sans que les faits puissent apporter la moindre contradiction. Les autorités coloniales se trouvent désarmées devant un phénomène qui échappe à leur contrôle et à leurs moyens d'action -qu'il s'agisse de la contrainte ou de la persuasion. Elles ont toujours considéré Matswa comme un "agitateur politique" ; après sa*

60. *Id.*, p. 181-182.
61. Martial Sinda, *op. cit.*, p. 234.

Document 3

La 2e arrestation de Matsoua en mai 1940

mort, elles se trouvent en présence d'un personnage insaisissable, dont la puissance a été décuplée parce que grossie de toute l'énergie accumulée par les mythes et les démarches de la pensée religieuse traditionnelle. Matswa participe à tous les symboles de force et d'indépendance -il est notamment présenté, durant les années de guerre, comme associé aux activités du général de Gaulle ; tout succès lui est rapporté, aussi bien l'issue victorieuse du conflit que les réformes politiques promulguées à partir de 1945. C'est ainsi qu'au cours d'une dizaine d'années s'opère un processus de construction symbolique et, à certains égards, de déification, dont nous aurons à suivre le mouvement. L'évènement est aussi de grande portée scientifique, en particulier dans le domaine de la sociologie religieuse »[62]. Il note également la diversité des caractéristiques sociales des leaders « amicalistes » attachés à l'action de Matsoua, lesquels sont issus aussi bien du milieu urbain que du milieu rural : les chefs de village, de terre et de tribu sont les plus représentés, suivis des fonctionnaires et agents du Chemin de Fer Congo-Océan ; ensuite des commerçants et artisans, puis des paysans et d'autres personnes sans profession caractérisée. Ces influences réciproques des couches « d'évolués » du milieu urbain et de paysans du milieu rural prendront, après la mort de Matsoua, une orientation religieuse et politique. Rien d'étonnant donc si cette période de fortes tensions sociales et d'effervescences religieuses, l'action politique de Matsoua s'accompagna de tout un ensemble de croyances mythiques et de supputations messianiques. Matsoua devient très vite ce personnage historique et messianique qui fait basculer le messianisme du plan politique au plan religieux.

Ainsi, le matsouanisme naît, se contextualise d'abord en période coloniale et acquiert ensuite progressivement une dimension politique. En effet, celui-ci se crée en 1945, trois ans après la mort du leader Matsoua et une semaine avant l'organisation des premières élections législatives du 21 novembre 1945 au Congo. Selon le rapport des affaires politiques des Archives politiques du Gouverneur général de l'Afrique Equatoriale Française (AEF), c'est le 11 octobre 1945 que deux adeptes matsouanistes, Malanda Prosper et Malanda Dagobert sont arrêtés par les miliciens de l'administration coloniale au bord de la rivière Makélékélé de Brazzaville lors d'une séance de prière, avec une baguette et des bougies allumées. Interrogés, ils auraient affirmé avoir vu Matsoua, le nouveau « messie », qui viendrait libérer le Congo de la domination étrangère. Cette action croyante aurait été précédée d'une recommandation messianique faite à Romain M. avant sa mort par André Matsoua, lequel personnage aurait

62. Georges Balandier, *Sociologie actuelle de l'Afrique*, Paris, PUF, 2e édition, 1963, p. 400-401.

confié ce secret à un membre de l'« Amicale », en l'occurrence Thomas NK. Cette activité marquerait officiellement la naissance d'une religion de salut, le matsouanisme, qui se substituera au mouvement « Amicale », et avec pour figure centrale Matsoua, « messie déjà venu », mais « encore attendu ». Ici le langage d'autorité produit par des individus témoins proches de l'événement sert de récit de fondation. Il rend possible toute entreprise signifiante de valorisation d'un vécu individuel érigé en modèle exemplaire pour la communauté croyante. C'est ainsi que la croyance et la conviction religieuses des adeptes au retour imminent de Matsoua, qui viendrait instaurer un nouveau monde, vont accélérer la dynamique conflictuelle du mouvement messianique. Et lorsque De Gaulle vient prononcer la Conférence de Brazzaville en 1944, beaucoup de « matsouanistes » le considèrent comme une réincarnation de Matsoua.

Depuis 1945, les matsouanistes se refusent à toute collaboration avec l'administration coloniale d'abord, puis avec tous les pouvoirs politiques post-coloniaux. D'où la répression dont ils ont été plusieurs fois victimes, d'abord en 1959-1960, sous le gouvernement Youlou. En effet, dans la lutte politique qui l'opposait à Jacques Opangault, leader du Mouvement Socialiste Africain (MSA) pour le contrôle de l'Assemblée territoriale, l'Abbé Fulbert Youlou, leader de l'Union Démocratique de Défense des Intérêts Africains (UDDIA), avait besoin de deux voix supplémentaires afin d'obtenir la majorité absolue nécessaire. Mais les partisans de Matsoua, matsouanistes et membres de « l'Amicale » dissoute, composée en majorité de « sudistes » ne votèrent pas pour Youlou. C'est en novembre 1958 qu'un Européen, président de l'Assemblée territoriale a laissé faire la manœuvre de Youlou qui, en réussissant à corrompre un député MSA, a pu faire renverser la majorité. Profitant alors de la sortie des députés MSA de la salle en signe de protestation, le président de l'Assemblée territoriale fera voter les premières lois constitutionnelles du Congo, et imposer l'Abbé Fulbert Youlou comme premier ministre. Cette manœuvre exaspèrera les militants MSA, et fut à l'origine de la première guerre civile en 1958-1959, principalement à Dolisie, Pointe-Noire et Brazzaville[63]. Fulbert Youlou digéra mal cette « trahison » des matsouanistes et rumina en silence la vengeance et la répression qu'il exercerait peu de temps après sur ces derniers. Par ce geste de défiance directe vis-à-vis du prélat Fulbert Youlou devenu premier ministre, le matsouanisme réalisait le geste inaugural de ritualisation politique de la contestation messianique et incorporait dans sa vision religieuse du monde

63. Elisabeth Dorier-Apprill, Abel Kouvouama, Christophe Apprill, Nicolas Martin-Granel, *Vivre à Brazzaville, modernité et crise au quotidien*, Paris, Karthala, 1998.

le discours de victimisation politique par le nouveau pouvoir politique autochtone.

Contenu de la doctrine et les cultes du matsouanisme

Né dans un contexte colonial et chrétien, le matsouanisme connaît une double influence des religions chrétiennes occidentales et des religions autochtones. Ainsi, le moment de sa fondation en 1945 à travers la découverte par les miliciens du pouvoir colonial du comportement insolite de deux fidèles en prière au bord de la rivière Makélékélé de Brazzaville, correspond à l'émergence d'un nouveau mouvement religieux comme remise en cause manifeste en sa forme de l'entreprise chrétienne occidentale, et comme refus de tout contrôle institutionnel des croyances par les Eglises chrétiennes européennes. Mais en son fond, cette mise en scène religieuse de soi des fidèles matsouanistes correspond à la recherche de voies du salut qui ne sont pas directement liées à un agir conforme à la volonté du Dieu-Tout Puissant, « Nzambi a mpungu» , mais plutôt à la réalisation d'une démarche personnelle d'un état d'être, et dans la plénitude de soi recherchée dans des groupes affinitaires fondés autour de la figure charismatique de André Matsoua qui est ce nouveau « messie » « déjà venu », mais « encore attendu » ; en somme un « chargé de mission » divine aux fins d'une libération collective. En cela, une telle attitude des deux fidèles matsouanistes exploitait à d'autres fins les messages d'images sacrées contenues dans la Bible où Dieu dialoguerait avec l'homme. « *Cette mise en scène du dialogue entre Dieu et sa créature*, souligne Jacques Solé, *insiste plus sur son appartenance à une collectivité élue que sur son salut individuel ou de délicates questions théologiques. Elle lui enseigne aussi l'attente angoissée de ce jour du Jugement où le monde sera enfin renouvelé. Ce messianisme prophétique*, ajoute-t-il, *a un sens privilégié parmi les certitudes chrétiennes, l'espérance d'une libération universelle. Il avait déjà caractérisé la prédication de Jésus, tourné vers l'imminente, catastrophique et bienheureuse fin des temps* »[64]. C'est ainsi que dans le matsouanisme, différents cultes accompagnés de prières permettent de renforcer le mythe de la croyance au retour de Matsoua :

« Rassemblons-nous pour admirer le sang des Sauveurs.
Ah Matsoua, viens dans notre sang,
Allons, allons, les martyrs sont devant nous,

64. Jacques Solé, *Les mythes chrétiens, De la renaissance aux lumières*, Paris, Albin Michel, 1979, p. 15.

Ils marchent et arrivent bientôt,
Chez Notre Père Tout-Puissant.
Matsoua est arrivé pour délivrer tout le Congo
Il a établi son siège dans un beau royaume
Où tous il nous attend ».

Le matsouanisme est présenté ici comme le signe terrestre et visible d'une double manifestation de la puissance de Dieu, Nzambi a Mpungu, à la fois comme sauveur des martyrs, et comme protecteur du royaume établi par André Matsoua au sein duquel les fidèles matsouanistes sont attendus. En articulant la mémoire du sacrifice de soi et du martyr à un appel intérieur et à une théodicée de la libération, les leaders matsouanistes donneront à leurs fidèles la force spirituelle de construction d'un nouvel ordre symbolique. Le décorum mis en place combine les éléments culturels autochtones avec les offres européennes puisées aussi bien dans le religieux que dans le politique. C'est ainsi que l'on trouve sur l'autel des Eglises, à côté des fleurs et des bougies qui encadrent le portrait de Matsoua, supports des forces protectrices ; une couverture rouge, associée à un poignard, le tout dominé en arrière-fond par le symbole V (celui de la victoire), formé de branches sur lesquelles est fixée la croix de Lorraine ou un portrait du Général de Gaulle. Ces éléments, que nous avons repérés dans les lieux de cultes du quartier Mpissa et de la rue K., en 1990 et en 1997, avaient été déjà signalés par G. Balandier. Ainsi, dans leur habit rituel et d'apparat qui est une longue robe de cotonnade noire pour certains, rouge-blanc pour d'autres, les fidèles matsouanistes chantent et prient intensément le jeudi après-midi et le dimanche toute la matinée : la formule du signe de croix est « au nom du Père, d'André Matsoua et de Simon Kimbangou ». Les endroits de prière du jeudi sont multiples, ce sont les parcelles des principaux leaders matsouanistes, lesquels sont également des propriétaires fonciers des quartiers sud de Brazzaville. Par contre les prières du dimanche se font, selon les tendances, à Mpissa et à la rue K. toujours dans l'arrondissement 2 (Bacongo). Par ailleurs, la lutte contre la domination étrangère se combine avec la lutte contre la sorcellerie : le sorcier comme le colonisateur représente pour le matsouaniste, le mal, le désordre, l'impur. La délivrance par la purification spirituelle recherchée et l'invocation des figures de kimbangou et de Matsoua transforment les chants religieux en la magnification d'un monde de pureté et de justice ; elles permettent également la liaison des fidèles matsouanistes avec les puissances numineuses.

« O Père Matsoua
Délivre-nous, délivre-nous ;
O Père Kimbangu

Délivre-nous, délivre-nous ;
Jetez bas les corvées des Blancs ;
La trahison des flatteurs Noirs
Les injustices des étrangers».

A travers cette prière se lit une double démarche de foi et de contestation politique de l'ordre dominant : en effet, la critique matsouaniste du monde indigène des « traîtres Noirs » et du monde colonial des « Blancs » instruit une économie de la libération spirituelle sur le mode symbolique de l'exclusion et de l'affrontement. Elle réactive le vecteur chrétien principalement dans la substitution de Kimbangou et de Matsoua, (en tant qu'« esprits saints » autochtones au détriment des « esprits saints » du christianisme occidental), comme procédure de légitimation du soi, de captation des forces locales, et comme refus de la subordination. Cette effervescence religieuse matsouaniste se produit au Congo dans un contexte social et politique singulier : l'imminence de la défaite du fascisme en Europe à laquelle des Congolais ont contribué, suite à l'appel de Brazzaville du Général de Gaulle en 1944, ainsi que la venue d'un prophète kimbanguiste, Simon-Pierre M'Padi en provenance du Congo-belge, vont galvaniser les esprits des autochtones. Le matsouanisme se placera alors sur le terrain de la contestation politique de l'ordre colonial et du refus total de collaboration, tant avec l'administration coloniale qu'avec les dirigeants politiques qui se succèderont à la tête de l'Etat congolais à partir de 1960. Et la négation du pouvoir temporel par les pouvoirs matsouanistes s'explique par l'attitude de retrait du monde, d'évasion vers l'imaginaire en attendant la satisfaction de leurs espérances messianiques. Le matsouanisme fonctionne alors comme un mythe intériorisé dans lequel le récit n'a pas été complètement dépouillé de toute référence subjective à son premier narrateur, André Matsoua. De ce fait, il s'installe durablement dans la logique adventiste.

Le temps de l'attente et la gestion religieuse et identitaire de la figure de Matsoua

Dans le contexte de la domination coloniale, la force revendicative du matsouaniste réside entre autre dans l'activation chez l'adepte de la conscience blessée du Noir par le « mauvais » Blanc, le colon. Cette conscience blessée joue à la fois sur le registre de la différence raciale et de l'autochtonie : Matsoua, « messie » des Noirs comme Jésus est le messie des Blancs, a subi la violence coloniale du fait de son combat pour l'émancipation des Noirs. Le fidèle matsouaniste le prend comme tel, comme figure du sujet victimisé, mais dont la puissance et le mystère de sa disparition en 1942 viennent renforcer chez lui le sentiment de l'attente. En dépit de la mort de leur leader charismatique André Matsoua, les Eglises matsouanistes fonctionneront dans leurs prières comme dans leurs cultes dans l'attente de celui-ci. Matsoua symbolisera la figure médiatrice entre Nzambi a Mpungu, Dieu Tout-puissant, et les fidèles matsouanistes. En même temps sur le terrain politique, la désobéissance civique et les dénonciations du pouvoir colonial se multiplient. Et c'est à l'occasion d'une procession organisée en 1947 par les leaders matsouanistes Koussakana et Nzoungou qu'un groupe de fidèles interpellera en des termes vifs les miliciens coloniaux : « *Matsoua est notre Dieu, nous croyons en lui, on ne nous a jamais montré ses restes mortels, par conséquent, il vit. C'est lui qui a gagné la guerre, il est si puissant qu'aucun Européen ne peut venir de France sans une carte signée de lui. Que l'on ne nous raconte pas d'histoire, André vit* »[65]. A l'issue de ce pèlerinage, des matsouanistes sont emprisonnés, La contestation du pouvoir colonial s'organise dans les Eglises matsouanistes. Elle se traduit par le refus du travail, de la carte d'identité, le refus de payer les impôts. Les Eglises sont alors saccagées à Brazzaville, ainsi que dans les localités de Mindouli et de Mayama. L'attentisme religieux s'accompagne de la révolte politique. La classe politique autochtone en régime colonial se sent interpellée : des conseillers territoriaux du P.P.C. (Parti Progressiste Congolais) que dirige Félix Tchicaya exploitent la situation, et dénoncent la violation du principe de la liberté de culte affirmé dans la Constitution de 1946. Georges Balandier signale dans « *Sociologie des Brazzavilles noires* » le travail d'agitation de Wambat dit De Wambert Saint Fiéffé comme membre influent du mouvement « Amicale ». Installé dans l'arrondissement de Bacongo et travaillant comme commis, Wambat se faisait remarquer par la rédaction des tracts sous la signature de *« Emissaire du Peuple Opprimé »,* ou de *« Propagandiste du Grand Matchoua ».* Il se signale très tôt d'abord en tant qu'acteur politique et compagnon de Matsoua : *«* Il a, souligne Georges Balandier, notamment établi une sorte de circulaire qu'il adresse à tout nouveau haut fonctionnaire ; il y présente les Ba-lali divisés en deux parties, les *« élus, les Matchouanistes »* , et les *« damnés »,* tous *« ceux qui ont voté contre Dieu », demande la reconnaissance officielle du mouvement et la libération des leaders encore détenus ».* Il rédige ensuite un texte particulier comprenant deux parties livrant la doctrine politique et religieuse de « l'Amicale » adressé aux principaux services administratifs et au roi Matchoua André. Une première partie s'attache à définir la notion

65. Martial Sinda, *André Matsoua, fondateur du mouvement de libération nationale du Congo*, Paris, ABC, 1977, p. 47.

de *« patriotisme »,* à critiquer les *« arrivistes »* qui emploient des *« arguments démagogiques »* pour *« obtenir ce qu'ils regardent comme une bonne place ».* W. ébauche ensuite un système qui doit mettre fin à *« l'anarchie perpétuelle » ;* il imagine une *« assemblée législative »* gouvernant aux côtés du *« souverain ».* Ce dernier ne pouvant être que le *« roi Matchoua André ».* Il réagit contre l'inégalité et la domination : *« Qu'arrivera-t-il si quelques-uns accaparent tous les moyens de bonheur et ne laissent aux autres que la misère et le désespoir ?... Nous aurons d'autant plus de chance d'être heureux que les autres seront autour de nous plus heureux » (...)* La seconde partie du texte est intitulée *« La Religion. Vie intérieure » (...) Il y a les élus, les damnés, Dieu et le diable, le Bien, le Mal, la compréhension, l'incompréhension, disons la préhension, la métaphysique et métempsycose, la vision, cognition, monition, prémonition, induction, etc. »* Délire, dit Balandier, qui apparaît comme une préparation aux déclarations solennelles qui suivent. A l'aide de références bibliques, W. affirme que *« les biens temporels sont faux, et que le vrai bien est d'être uni à Dieu ;* il annonce que *Dieu fera une nouvelle alliance et que les anciennes choses seront oubliées (...) Que la religion chrétienne est l'âme de la coalition contre la patrie (...) Je réclame, et nous réclamons, la vérité qui a été annoncée par le Christ, la présence réelle ».* Il demande le droit, pour chacun, de *pratiquer le culte que sa conscience lui inspire*, et insiste sur le fait qu'il ne peut y avoir une religion authentique sans « autonomie ». Il achève son témoignage en invoquant la trinité qu'il double des équivalences suivantes *: Volonté-Amour-Sagesse.* Le texte cité, en dépit d'un fatras de notions mal assimilées, ajoute Balandier, « *reste caractéristique de ces personnalités prophétiques dont nous avons entrepris l'étude en Afrique Centrale. Il se sert du christianisme, en en faisant un instrument d'émancipation à l'encontre des églises aussi bien que des administrations coloniales. L'enseignement de W. qui annonce des temps nouveaux, le retour du Messie (confondu avec André Matswa) et le règne de la Justice, a suffisamment d'efficacité pour rassembler un certain nombre d'adeptes. Il est né du désarroi, il se nourrit du désarroi* »[66].

La contestation politique est demeurée vivante dans les églises matsouanistes qui, d'après le même Wambat que j'ai interrogé plus tard en 1991 au lendemain de la fin de la Conférence Nationale Souveraine, existent sur le territoire national. Il dénombrait plus d'une soixantaine de foyers matsouanistes entre 1960 et 1970 et aujourd'hui à peine une vingtaine. Au nord du Congo, la région de la Cuvette, notamment autour

66. Georges Balandier, *Sociologie des Brazzavilles noires,* Paris, Armand Colin, 1955, p. 224-226.

de Boundji et de Kellé, a vu des familles de matsouanistes se reconstituer rapidement peu après leur arrivée autour des années 1960. Elles se sont vite signalées par leur mode de vie en vivant coupées des populations mbochi et mbéti, tout en poursuivant la « grève eschatologique » par l'insoumission totale à l'Etat, et priant dans l'attente du retour du « messie » Matsoua. D'autres foyers matsouanistes sont signalés par Wambat dans les régions du Niari et du Kouilou au sud du Congo. Certaines familles matsouanistes ont, à la suite de leur « déportation » fini par se mêler à d'autres groupes ethniques, parlant couramment la langue de la région d'accueil. Ce sont d'excellents paysans « malafoutiers », c'est-à-dire des vendeurs de « malafu » (vin de palme) ; ils font aussi de la vannerie, de la pêche et de l'activité de guérison. Cependant, ces foyers matsouanistes restent répandus dans la région du Pool, particulièrement en « pays lari » qui, sur le plan géographique, « *occupe une partie importante du territoire téké compris entre Kinkala et Brazzaville et s'étend dans le pays nsund i* » (Tsamouna Kitongo, 1990). La référence constante des matsouanistes à la figure de Matsoua et l'évocation emphatique de sa grandeur et de sa puissance ainsi que la contestation même silencieuse du pouvoir politique en place font véritablement du matsouanisme un mouvement messianique qui perdure encore, mais jusqu'à quand ? C'est ce qui explique aussi la magnification des paroles et des actions de Matsoua et leur répétition par les leaders matsouanistes ; car, elles permettent de les présentifier sous le signe de l'héroïsme, de l'invincibilité et de la démonstration des pratiques de puissance.

La mise en scène des prétendus discours et actions de Matsoua fait appel à un personnage vivant, témoin apparent de l'événement, donc des ruses et du miracle accompli par Matsoua en face du colonisateur. Cette affirmation sur la preuve de l'existence de Matsoua repose ici sur une prétention du discours d'énonciation de la vérité à partir de l'expérience visuelle vécue par le narrateur, complètement transporté dans un temps social rendu sacré par la croyance messianique à l'événement qui ravive cette existence et cette présence de Matsoua dans la conscience des adeptes.

La gestion messianique et sociale du sacré

Dans cette mutation de la société de la colonie à la postcolonie marquée par l'indépendance du Congo-Brazzaville, le 15 août 1960, être matsouaniste consiste à se singulariser par une certaine éthique de comportement et à donner un sens religieux et politique au déroulement du temps. A la figure messianique de André Matsoua s'oppose désormais la figure politique du prélat Fulbert Youlou, devenu premier président de la République du Congo. C'est donc sur les terrains religieux, symboliques et politiques que s'affronteront désormais les signes de légitimation des deux figures opposées des pouvoirs. La croyance en l'invincibilité de Matsoua se double de la contestation politique du nouveau pouvoir que dirige le prélat Fulbert Youlou. Bien qu'appartenant à la même ethnie lari-bakongo que la majorité des matsouanistes, celui-ci entend affirmer son pouvoir et l'autorité du nouvel Etat indépendant. Il les réprimera en 1959 et les déportera dans les autres régions du Congo. « *Pour échapper aux exactions des commandos de jeunes incontrôlés*, dit Jean Legal, *les matsouanistes s'étaient mis sous la protection de la police. Force était alors au gouvernement de prendre une décision pour éviter un massacre. Appliquant la loi sur l'insoumission vôtée par la dernière Assemblée législative, il décida de transférer hors du pays lari le matsouanisme* »[67]. Durant le règne présidentiel de Youlou de 1959 à 1963, les matsouanistes organiseront leur grève eschatologique dans l'attente du « messie » Matsoua. Cette répression contre les matsouanistes s'abat surtout après le renoncement de certains d'entre eux à la croyance au retour de Matsoua, et leur adhésion au nouveau parti politique, l'UDDIA (Union Démocratique de Défense des Intérêts des Africains), créé par Fulbert Youlou. Ce sont surtout les « lettrés » de la petite-bourgeoisie urbaine qui, désireux de jouer un rôle de premier plan dans la nouvelle dynamique politique congolaise, s'emploieront à briser le mythe sur lequel ils ont jusqu'alors fondé leur stratégie de lutte depuis 1943 : Thomas Nkari incarnera le courant de ralliement, tandis que celui de Victor Wambat dit de Wembert Saint-Fieffé composé en majorité de paysans, d'artisans et d'ouvriers rejettera cette compromission et cette manœuvre politiques. Intervient alors la scission au sein du matsouanisme entre les « lettrés » et la masse qui se forgera dans « longue durée » une nouvelle identité politique contre les pouvoirs post-coloniaux autour de la figure de Matsoua.

Ainsi, les préoccupations religieuses et politiques des matsouanistes ont consisté, non seulement à inventer une vision autochtone du christianisme par l'incorporation des référents symboliques occidentaux dans le dispositif ancestral de croyances, mais également à légitimer socialement leur refus de l'ordre colonial par la valorisation de l'activité sacrale de André Matsoua considéré par ces derniers comme que « messie ». L'influence qu'exerce le matsouanisme sur la conduite des adeptes réside dans le fait que la sacralité messianique produite dans la superposition de la logique de l'attente et de la logique de l'espérance

67. *Cf.* Le journal hebdomadaire *La Semaine de l'AEF,* n° 361 du 2 août, Brazzaville, 1959.

nourrit chez les adeptes de nouvelles formes d'imagination instituante. D'abord, par le fait que le discours du leader sur la rédemption individuelle et collective des adeptes matsouanistes transforme la croyance en une conviction indispensable pour leur salut ; ensuite, la voie de salut ne devient accessible à ces derniers que par l'exemplarité de la conduite de vie terrestre qu'ils doivent adopter, à l'image de celle de leur « messie » Matsoua. Si le sacré, au sens premier du mot, c'est ce dont les individus ont la représentation dans le domaine de la transcendance, on est alors tenté d'appréhender ici dans le matsouanisme, la logique de ses formes, c'est-à-dire, ce par quoi il se donne à voir et se fait reconnaître comme tel. Et comme l'écrit Fabien Eboussi-Boulaga, « *la forme est l'ordre suivant lequel un ensemble d'apparences sensibles et visibles (immédiatement ou médiatement) se présente et grâce auquel on l'appréhende en sa singularité, en son « concept », en son « être » ou en son « essence »*[68]. Et si on suit la pente phénoménologique de la religion qu'il emprunte pour appréhender la dimension du sacré, on partagera avec lui les prémisses qui la fonde. Premièrement, « *ce qui se montre et qui impose ses formes et ses catégories, c'est la "sacralité" du monde et de la vie elle-même : elle se symbolise en des formes qu'elle impose à la perception humaine (...)* » Deuxièmement, « *ce qui se manifeste, c'est la psyché humaine universelle en ses intentions et en ses formes originaires, "ontogénétiques" et "phylogénétiques" (...)* Troisièmement, « *ce qui se donne à voir et à comprendre, est le résultat dialectique de la rencontre de l'esprit humain et de la nature, de la prise de conscience par l'homme de sa place dans le monde ou le tout (...) Le sacré*, ajoute-t-il, *se manifeste selon des modalités diverses, en se formant dans ces matrices que sont le Ciel, les Eaux, la Terre avec ses montagnes, ses cavernes. La vie biologique s'inscrit dans la continuité de ce cosmos (...) L'unité du sacré apparaît dans la possibilité d'homologuer les différents niveaux, d'établir des correspondances entre le cosmos, l'être humain corporel, la société. C'est dans ce cadre "hiérophanique" qu'il faut situer la question de Dieu. Partout dans l'humanité, le ciel, les eaux, la terre, la végétation, les incarnations de la sexualité offrent des figures à la manifestation multiforme de « Dieu» ou du divin. Les dieux ont des rapports de position et d'action analogues à ceux que leurs signifiants matériels entretiennent avec les autres domaines du monde. Le ciel, par sa position surplombante et inaccessible, est le référentiel du Dieu transcendant. Tel est le paradoxe du sacré d'exprimer l'invisible par le visible, le spirituel par le matériel, et l'infini, l'absolu par le fini et le relatif (...)* ». Ainsi, conclut-il, « q*uand nous parlons du monde, de sa sacralité, ce que nous en disons est passé par la transformation de*

68. Fabien Eboussi-Boulaga, *A contretemps, L'enjeu de Dieu en Afrique*, Paris, Karthala, 1991, p. 158-159.

l'événement physique en processus psychique. La façon dont l'âme ressent la réalité physique, voilà ce que décrit le langage religieux et ce que livrent les archétypes »[69]. Et c'est pour ne pas s'enfermer dans la description d'archétypes généraux que l'on cherche ici à dévoiler le sens du sacré tel qu'il se donne à comprendre à travers les symboles utilisé par le matsouanisme, parce qu'indissociables des événements matériels et culturels qui en fournissent la clé de lecture. De quelle manière alors se fait cette gestion messianique et sociale du sacré par les matsouanistes ? Il semble que celle-ci se décline dans l'observation chez les matsouanites de « nouvelles pratiques de soi » constituées autour de cinq dispositifs symboliques de croyances :

a - Le salut est l'œuvre personnelle du « messie » Matsoua considéré comme le « fils de Dieu » au même titre que Jésus : « *Certains disent que Matsoua est mort mais nous, nous disons que Matsoua est vivant, c'est ça la signification du "V" , et un jour il reviendra (...) Du fait que Matsoua est pur, c'est pourquoi il est là-bas* (en France)*, et celui qui est ainsi est un fils de Dieu* » (entretiens avec S. B., chef matsouaniste de la paroisse de Mpissa).

b - Cette œuvre messianique de salut, perçue par les adeptes comme réalisation des mystères par Matsoua, s'accomplit en un temps précis, sacré, coïncidant avec l'acte de purification intérieure des adeptes à l'occasion des activités rituelles et cultuelles. Et tout salut par les mystères « *possède ce carractère instable. Il attend son effet ex pore operato d'une pieuse dévotion occasionnelle. Il lui manque les mobiles intérieurs permettant de prétendre à une confirmation qui pourrait garantir la "renaissance"*[70] *(...) Ce qui importe dans le ritualisme*, dit Max Weber, *c'est que l'habitus spirituel auquel on aspire en fin de compte détourne directement de l'activité rationnelle* »[71].

c - La conjonction entre la disposition d'esprit des adeptes et l'accomplissement de l'œuvre messianique par Matsoua est décisive pour leur « renaissance spirituelle ». Cette médiation symbolique montre tout

---

69. Eboussi-Boulaga, *op. cit.*, p. 159-160.

70. Pour Max Weber, la notion de renaissance « *est très ancienne. Elle trouve déjà son développement classique dans la croyance magique aux esprits. La possession d'un charisme magique présuppose presque toujours une "renaissance" (...) Ce processus est ménagé au moyen du "ravissement" sous la forme de l'extase et de l'acquisition d'une "âme" nouvelle qui, la plupart du temps, s'accompagne d'un changement de nom (...) Dans les types les plus cohérents des "religions de salut" , elle se transforme en une qualité de la conviction indispensable au salut religieux, qualité que l'individu doit acquérir et qu'il est obligé de confirmer par sa conduite* » . (Cf. *Economie et société, tome 2,* Paris, Plon, 1995, p. 294.

71. Max Weber, *Economie et société, tome 2*, Paris, Plon, collection Agora, 1995, p. 296.

autant l'importance du facteur intérieur de salut que l'acquisition de « l'habitus spirituel » par les adeptes.

d - Devant Nzambi a Mpungu (le Dieu Tout-Puissant) dont Matsoua ne serait que « l'envoyé », les fidèles matsouanistes s'emploient consciemment ou inconsciemment à éprouver dans les longues prières, la joyeuse sensation d'être investi de pouvoirs surnaturels : « *Ne pensons pas à l'argent, pensons à Matsoua André Grenard, parce que c'est lui le libérateur. Soyons unis, attendons le fils de Dieu qui viendra nous dire son mot, que celui qui a tort a tort, celui qui a raison a raison. Dans un village quand tout le monde est chef, ce village ne peut pas être bâti. (...) C'est ce que Dieu refuse. Soyez unis puisque le fils de Dieu arrive. C'est Matsoua André qui se bat pour nous, c'est lui aussi qui viendra nous séparer (...) Mes frères, faisons attention : que tu sois corbeaux, pigeons, achète ton paquet de bougies et une boîte d'allumettes que tu garderas dans ta maison, car le jour où ça va barder, il fera sombre. Nous tous nous serons endormis. Soyons unis et prions, et que Dieu nous garde* ».

e - La force du charisme de Matsoua sur les adeptes -charisme éprouvé par ceux-ci dans la croyance aux miracles accomplis- voit sa validité sans cesse reconfirmée et présentifiée à travers les discours, les chants et prières produits par les leaders matsouanistes : « *Ayons la foi, s'il n'y a pas de foi sur terre, le fils de Dieu ne donnera pas la foi. Si tu penses à Lui, Lui aussi pense à toi. Pierre Kinzonzi, Nzoungou Fidèle, Tchakaka Daniel, tous ces gens sont sous le commandement de Dieu, et c'est Matsoua André qui les bénis* ».

Les pratiques croyantes des matsouanistes permettent de comprendre comment les expériences du sacré religieux qu'ils vivent sont des relations relationnelles, pragmatiques et symboliques par lesquelles leur communauté émotionnelle tente de maîtriser le non-humain, et de donner sens à leur existence quotidienne.

La réorganisation du matsouanisme en 1970 : le temps du renouvellement

Dans le contexte social et politique du Congo des années 1970 qui est celui d'un pays en développement, un volontarisme accompagne l'enthousiasme populaire : l'indépendance économique et la libération du joug du capitalisme par l'instauration du socialisme scientifique. La création le 31 décembre 1969 du « Parti Congolais du Travail » (PCT) à la place du « Conseil National de la Révolution » (CNR) réactive les discours d'espérance dans l'imaginaire collectif, aussi bien dans le champ politique que dans le champ religieux. A la proclamation politique d'un centre unifié du pouvoir, représenté par le parti unique, se superpose désormais le discours messianique matsouaniste proclamant avec force la légitimité de l'antériorité du pouvoir politique et religieux détenu par André Matsoua. Les divers soubresauts politiques -coups d'Etat militaires avortés (1970 et 1972), assassinats, notamment du président de la République, Marien Ngouabi, de l'ancien président de la République, Alphonse Massambat-Débat, et du cardinal Emile Biayenda (1977), tenue de la Conférence nationale souveraine (1991)- marqueront la vie quotidienne des populations congolaises. Ainsi, confronté à ces transformations politiques, et pris entre le désir de repli sur soi et l'affirmation de sa modernité religieuse et politique, le matsouanisme va chercher à s'adapter continuellement à la situation. Les luttes de succession entre les différentes tendances ont abouti à la légitimation des résistants de l'aile politique (tendance « Amicaliste ») au détriment de ceux de l'aile religieuse (tendance religieuse), à qui il a été reconnu l'autorité pour statuer sur toutes les questions touchant aux problèmes de santé et de guérison[72] : « *M. n'est pas beaucoup reconnu parce qu'il y a une liste des gens qui ont fait la prison. Nous qui avions fait la prison, on nous a délivré des papiers que je peux te montrer. Ce papier, nous le présentons à la place de la carte d'identité et sur ce papier sont écrits la date et le lieu de détention, quelle que soit ton appartenance religieuse, que tu sois corbeaux, pigeons ou Bulamananga; moi j'avais fait la prison à Fort-Rousset, et pour prouver que je suis matsouaniste, il faut ce papier. Certains ont fait la prison à Mvouti, Dolisie, Pointe-Noire, Sibiti, Mayama, Djambala, Abala, Gamboma, Makoua, Kellé, Ouesso, Souanké, Impfondo, Dongou. Et c'est là que Youlou*[73] *nous avait envoyé en prison ; à la fin de notre prison, on nous établissait un papier qui attestait le lieu de détention, mais si tu n'as pas ce papier tu n'es pas matsouaniste. Au sein de l'Eglise, après Tchakaka venait Ferdinand M. qui était en prison à Dolisie. A notre retour, on l'a fait venir mais il a refusé, et c'est maintenant qu'il est rentré à cause de la situation politique du pays* (guerre civile de 1993 où lors du règne de Pascal Lissouba, les ressortissants de la région du Pool ont été expulsés de Dolisie région du Niari). *Maintenant qu'il est rentré, il a perdu sa place que moi j'ai prise; et c'est à moi que Tchakaka avait donné la bénédiction avant sa mort, et c'est pourquoi on ne s'entend pas*».

Dans sa dimension politique, cette réorganisation du matsouanisme coïncidera paradoxalement avec la création et l'organisation en 1969 par

72. Tous les entretiens ont été réalisés sur le terrain à Brazzaville, en 1997.
73. L'abbé Fulbert Youlou fut, de 1960 à 1963, le premier président de la République du Congo-Brazzaville devenu indépendant le 15 août 1960.

Marien Ngouabi, (nouveau président de la République Populaire du Congo), du « Parti Congolais du Travail » (PCT) : mise en place d'un Comité central et d'un Bureau politique avec un président qui est aussi président de la République ; adoption comme idéologie officielle du marxiste-léninisme, et d'un nouveau drapeau de couleur rouge frappé d'un marteau et d'une faucille. De son côté aussi, le matsouanisme s'organise sur un mode à peu près similaire :

« *Le gouvernement de la rue K. est central, les corbeaux et les pigeons s'y réunissent avec les Amicalistes ; les paroisses sont séparées, mais le leader reste Matsoua André. Les Bulamananga sont aussi appelés corbeaux par les gens qui ne connaissent pas. Que tu sois pigeons ou Amicaliste, on t'appellera toujours corbeaux, mais au fond nous sommes séparés et chacun a son appellation. Nous qui sommes à Mpissa nous sommes des pigeons, ceux qui se mettent en noir sont des corbeaux, et ceux du gouvernement sont des Amicalistes ; et les autres sont des Bulamananga, mais tous sont régis par un seul gouvernement central. Depuis 1970, pour le siège du quartier Mpissa, c'est Fidèle Nzoungou qui était le 1er, celui qui lui a succédé c'est Tchakaka. Mais à cette époque, c'est Pierre Kinzonzi qui commandait le gouvernement central, le fondateur était Matsoua. C'est même lui qui avait envoyé les militaires combattre en France, Matsoua et Kinzonzi étaient des combattants. Certaines personnes disent que Matsoua est mort, mais nous disons que Matsoua est vivant ; ce qui veut dire que Matsoua est vivant, c'est ça la signification du "V" = vie. Matsoua André Grenard s'il est en France, ce n'est pas un animal mais une personne ; mais il est en France dans une maison. C'est un grand chef, mais ce n'est pas n'importe qui peut aller là-bas, personne ne connaît là-bas, mais eux-mêmes les Français qui ont la calvitie* (signe de l'autorité et du pouvoir) *connaissent là-bas. Si on le voyait pas, on ne l'aurait pas retenu, et on ne pouvait pas le laisser venir ici. Matsoua est une personne et le diable n'est pas une personne. Du fait que Matsoua est pur, c'est pourquoi il est là-bas, et celui qui est ainsi est un fils de Dieu* » (Entretiens).

Se dessinent ici les deux catégories politiques et religieuses de matsouanistes : ceux issus du mouvement « Amicale » créé en 1926 à Paris par André Matsoua et ceux issus de la catégorie religieuse proprement dite.

- Une première tendance « fondamentaliste » constituée par les vieux matsouanistes (dont le « gouvernement central » est implanté au bord du fleuve à Bacongo, quartier Mpissa) qui refusent encore tout lien avec les pouvoirs postcoloniaux, expriment un rejet violent de toute subordination au « Blanc » tout en réactivant continuellement les structures de crédibilité et de croyance, telles la référence constante à la figure intemporelle de Matsoua et l'évocation emphatique de sa grandeur et de sa puissance ; pourtant le matsouanisme, tout en puisant massivement dans le registre culturel autochtone kongo et en se réappropriant l'organisation liturgique propre au christianisme, n'a cessé de jouer un rôle non négligeable dans la modernité urbaine par son positionnement sur le marché de la guérison et de la poursuite de la contestation de l'ordre étatique ; même si cette tendance s'est fragmentée en trois sous-groupes (les « corbeaux », les « pigeons » et les « Ikouole »), elle se présente de façon unitaire comme la gardienne de la pure « tradition » matsouaniste.

- Une seconde tendance « néo-matsouaniste », néo-traditionnelle regroupe d'innombrables petites églises appelées « Bulamananga », fondées ou animées par des jeunes matsouanistes. Ces églises vénèrent encore Matsoua comme figure tutélaire, mais tout en l'associant à d'illustres figures prophétiques « ancestrales », Kimpa Vita et Simon Kimbangou et à des rites traditionnels recomposés. Leurs points communs résident dans le fait qu'elles se réclament à la fois du Saint-Esprit et d'ancêtres illustres, mais aussi de tous les défunts à qui elles consacrent souvent un culte particulier dans la semaine. La guérison (au sens psycho-somatique du mot) est au centre de leurs pratiques religieuses. Des jeunes, fils et petits-fils de matsouanistes, tentent d'organiser une fusion entre certains Amicalistes et Bulamananga avec la création récente de l'Eglise « Amicale-Bulamananga » qui a déjà sollicité sa reconnaissance auprès des pouvoirs publics. Par ailleurs, certaines de ces petites Eglises Bulamananga sont en train de se fédérer sous la houlette de « pasteurs-prophètes » qui cherchent à unifier les pratiques en fixant doctrine et rituel sous forme écrite : c'est le cas des branches Bemba Lapin (à Makélékélé) et Tsoula/Nkodia (à Bacongo). On reviendra plus loin en détail sur l'analyse du néo-matsouanisme et de la lignée Bulamananga. Des leaders politiques (comme Bernard Kolélas et André Milongo d'ethnie kongo), dans leurs tentatives d'instrumentalisation du religieux, entretiennent surtout depuis 1990, des contacts réguliers avec quelques unes de ces églises, assistant parfois à leurs cultes. Lors des différentes opérations de vote en 1992, des matsouanistes ont tout de même participé à ces activités citoyennes, expliquant cela comme une recommandation de Matsoua qui préparerait quelque part à l'étranger son retour au Congo en tant que futur président de la République[74].

En effet, lors de la tenue de la Conférence Nationale Souveraine de février à juin 1991, il a été fait le bilan politique des pouvoirs qui se sont

74. Voir mon travail « Du devenir du matsouanisme dans le Congo contemporain » in, *Prophètes, prophéties et mouvements religieux dans le Congo contemporain,* (dir.) M.E. Gruenais, A. Kouvouama, J. Tonda, Paris, Orstom, septembre 1992, p. 61-74.

succédé à la tête de l'Etat congolais depuis 1959 ; et les actes répressifs exercés en 1959 par le pouvoir dirigé par l'abbé Fulbert Youlou contre les matsouanistes ont été dénoncés parmi les premiers signes d'intolérance et de bâillonnement des libertés fondamentales du peuple congolais ; ce qui aurait, semble-t-il, entraîné un léger assouplissement de l'attitude des matsouanistes à l'égard du gouvernement de transition ; attitude renforcée par plusieurs signes interprétés par eux comme la réalisation du plan prévu par André Grenard Matsoua pour annoncer son retour : substitution de l'ancien drapeau vert, jaune et rouge au drapeau rouge proposé par le Parti Congolais du Travail ; reprise de l'hymne des premières heures de l'indépendance ; dissolution de la police politique et de la milice qui rappellent aux matsouanistes les miliciens du pouvoir colonial. En somme tout cela est apparu à leurs yeux comme la reconnaissance de l'identité de leur mouvement, donc de Matsoua ; puisque le Premier ministre du gouvernement de transition, André Milongo, aurait peu après son élection rendu visite aux matsouanistes au centre Mpissa de l'arrondissement 2 Bacongo, en quête sans doute lui-même d'une « légitimité spirituelle » de son pouvoir temporel. De même, lors des élections relatives au référendum constitutionnel de mars 1992 et aux élections communales et régionales de mai 1992, il a été signalé dans certains bureaux de vote à Makélékélé et à Bacongo, la participation des matsouanistes qui s'étaient au préalable inscrits sur les listes électorales. Les nouvelles pratiques sociales des matsouanistes ne sont pas sans conséquence sur le devenir du matsouanisme.

La réappropriation sélective des éléments symboliques chrétiens et autochtones, la construction d'une nouvelle représentation de l'ordre politique participent bel et bien de l'affirmation d'une double identité urbaine et religieuse. Le matsouanisme s'est alors adapté aussi bien aux différentes mutations politiques depuis 1960 qu'à la concurrence de nouvelles religions dans le contexte du pluralisme politique et religieux. Cette continuité messianique s'opère dans la concaténation des offres symboliques chrétiennes occidentales avec celles puisées dans le registre culturel autochtone. Elle témoigne aussi d'une « routinisation du charisme », selon le mot de Max Weber, et ce autour de deux ordres de légitimation, le premier résidant dans la dissimulation aux adeptes de la vérité sur la mort de Matsoua en 1942. « L'invisibilisation » du corps et de la sépulture de Matsoua par le pouvoir colonial sera déterminante dans la construction sociale et idéologique par les leaders religieux et syndicaux de la croyance à la disparition « mystérieuse » de ce dernier. En fondant leur espérance messianique sur le retour « attendu » de Matsoua, les leaders matsouanistes ont patiemment mis en place les ressorts psychologiques et sociaux nécessaires à la routinisation du charisme. Par la suite, la recherche d'un nouveau leader porteur de charisme se fera non seulement sur le mode individuel distinctif de la « qualification » spirituelle du prophète de substitution, mais également sur la détention par le leader matsouaniste prétendant à la succession d'un acte écrit du pouvoir colonial, puis post-colonial attestant de son passage forcé par la prison pour cause d'indocilité messianique : « *Nous qui avons fait la prison, on nous a délivré des papiers (...) Ce papier, nous le présentons à la place de la carte d'identité, et sur ce papier sont écrites la date et le lieu de détention (...) Moi, j'avais fait la prison à Fort-Rousset, et pour prouver que je suis matsouaniste, il faut ce papier* » (Entretiens). Cette production religieuse de la modernité par l'écrit du pouvoir colonial et post-colonial contribue aussi à l'institutionnalisation de l'expérience messianique matsouaniste.

Dès lors, la légitimité du nouveau porteur de charisme au sein du matsouanisme sera rattachée principalement à ces signes distinctifs que sont la détention de la preuve de la prison effectuée comme signe du sacrifice et de la souffrance endurée pour Matsoua, la possession d'un pouvoir de discernement des choses, la désignation par la communauté des fidèles et par les autres matsouanistes résistants politiques de la capacité de direction du promu. En brandissant le certificat de prison, le leader matsouaniste confère ainsi à l'administration coloniale un pouvoir structurant de légitimation de sa position privilégiée dans la lutte pour le contrôle du « gouvernement central » du matsouanisme. La production religieuse de l'identité politique matsouaniste s'est élaborée à partir de trois dispositifs stratégiques précis : le premier a consisté à recontextualiser la logique de l'espérance à travers la relecture permanente des événements religieux et politiques passés, la réactivation des structures de crédibilité et de croyance, telles la référence constante à la figure intemporelle du « messie » Matsoua et l'invocation emphatique de sa grandeur et de sa puissance. Le second dispositif à travers lequel les matsouanistes proclament continuellement leur double identité sociale et religieuse est la réappropriation de l'organisation liturgique chrétienne occidentale et la construction d'une nouvelle représentation de l'ordre politique à partir des lectures locales du message chrétien. C'est dans cette entreprise de signifiance du monde que le mythe messianique matsouaniste de l'attente du retour « imminent » de leur « messie » permet la valorisation de l'identité narrative du récit sacré des leaders matsouanistes qui facilite un retour symbolique au temps fondateur, moment privilégié pour l'avènement de ce nouvel ordre. Le pouvoir de révélation des paroles prophétiques de Matsoua, le messie « absent-présent », par les leaders matsouanistes se fait parole plus forte à travers une lecture significative et répétée du temps par le narrateur qui fait figure de « témoin » du martyr.

En somme, les préoccupations religieuses et politiques des matsouanistes ont consisté, non seulement à inventer une vision autochtone du christianisme par l'incorporation des référents symboliques occidentaux dans le dispositif ancestral de croyances, mais également à légitimer socialement leur refus de l'ordre colonial puis post-colonial par la valorisation de l'activité sacrale de André Matsoua considéré par ces derniers comme « messie ». L'influence qu'exerce le matsouanisme sur la conduite des adeptes réside dans le fait que la sacralité messianique produite par les leaders de substitution, dans la superposition de la logique de l'attente et de la logique de la grève eschatologique, entretient l'espérance chez ces derniers : d'abord, par le fait que le discours des leaders sur la rédemption individuelle et collective des adeptes matsouanistes transforme la croyance en une conviction indispensable pour leur salut ; ensuite, la voie de salut ne devient accessible à ces derniers que par l'exemplarité de la conduite de vie terrestre qu'ils doivent adopter, à l'image de celle de leur « messie » Matsoua. Et c'est, précisément, en exploitant habilement le temps fort du mythe, c'est-à-dire en introduisant des jeux de distinction entre le moment de la crise et du désespoir du présent, et le moment de richesse, de liberté situé dans le futur, que les adeptes réalisent la synthèse du temps primordial ou de la création archétypale et du temps historique. Temps primordial, temps historique et temps de l'espérance, ces différentes temporalités réactualisent l'événement messianique, travaillent à la convocation d'une mémoire collective sans cesse réinventée pour maintenir la cohésion du matsouanisme. Et c'est ici que sa dimension politique fait sens avec les mutations urbaines en cours. Si l'on tient compte des rapports de force qui existent entre le matsouanisme et le pouvoir central, la domination de ce dernier par la détention du monopole de la violence physique légitime ne fait aucun doute. Là où les choses paraissent moins certaines, c'est lorsque cette domination a trait au pouvoir symbolique. En effet dans leur tentative politique et idéologique de définition autoritaire du « nouvel homme » congolais, les différents pouvoirs post-coloniaux congolais ont de tout temps cherché à embrigader les matsouanistes dont la défiance permanente pouvait servir d'exemple au déclenchement d'autres mouvements sociaux mieux organisés. La tactique des pouvoirs politiques a consisté par la suite à contenir les prétentions matsouanistes dans un espace territorialisé où la révolte politique se dilue dans une résistance passive tolérable jusqu'à un certain point. Cependant une telle attitude des pouvoirs congolais laissait intacte toute l'économie politique du pouvoir religieux construite autour de la figure messianique de Matsoua présenté comme le « véritable résistant» à l'ordre colonial. Et c'est dans cette prétention matsouaniste au monopole du pouvoir politique et religieux « réel» que se structure et s'entretient auprès des adeptes toute la rhétorique du matsouanisme. Par ailleurs, la prise en charge des maux, dont ceux liés à la maladie et à l'infortune, réintroduit l'action matsouaniste dans le champ de la guérison, et indirectement dans le champ des pouvoirs. La critique matsouaniste réactive le vecteur chrétien principalement dans la substitution de Kimbangu et de Matsoua, (en tant qu'« esprits saints » autochtones au détriment des « esprits saints » du christianisme occidental), comme procédure de légitimation du soi, de captation des forces locales, et comme refus religieux et politique de la subordination. Le matsouanisme comme la plupart des messianismes africains de tendance chrétienne fonctionne aussi sur le plan de la dialectique de l'ordre et du désordre. La régénération du temps dans le matsouanisme ne se fait qu'au moyen de la régénération collective dont le mythe de la création primordiale sert d'archétype historique. La relation synthétique que fait le prophète entre le « moment mythique » de la création archétypale (temporalité primordiale) et le « moment actuel » (temporalité historique), fait prendre conscience aux individus de leur situation misérable présente. Etant entendu que pour les leaders matsouanistes et les adeptes le « moment mythique » correspond toujours à un moment de richesse et d'opulence, et que le « moment actuel » est celui de la misère et de l'oppression de l'Antéchrist ; le règne de l'Antéchrist apparaît comme la condition de la réalisation de l'Age d'Or situé dans une temporalité à-venir. Telles sont les premières leçons à tirer sur les raisons de la permanence du matsouanisme, dont les figures inépuisables en tant que mouvement social, religieux et politique l'inscrivent dans une modernité urbaine.

L'explication de l'organigramme du matsouanisme en ses branches politique, spirituelle et de guérison remonterait, d'après les entretiens, autour des années 1970 à Brazzaville. Les luttes de succession entre les différentes tendances ont abouti à la légitimation des résistants de l'aile politique (tendance « Amicaliste ») au détriment de ceux de l'aile religieuse (tendance religieuse), à qui il a été reconnu l'autorité pour statuer sur toutes les questions touchant aux problèmes de santé et de guérison.

Dans sa dimension politique, cette réorganisation du matsouanisme coïncidera paradoxalement, ainsi que je l'ai dit plus haut, avec la création et l'organisation en 1969 par Marien Ngouabi, (nouveau Président de la République Populaire du Congo), du « Parti Congolais du Travail » (PCT) : mise en place d'un Comité central et d'un Bureau politique avec un président qui est aussi président de la République; adoption comme idéologie officielle, le marxiste-léninisme, et d'un nouveau drapeau de couleur rouge frappé d'un marteau et d'une faucille. De son côté aussi, le matsouanisme s'organise sur un mode à peu près similaire.

Ici apparaissent clairement deux catégories de matsouanistes : ceux appartenant à la branche syndicale et politique issue du mouvement « Amicale » créé en 1926 à Paris par André Matsoua et ceux issus de la catégorie religieuse.

La référence explicite à l'expérience collective de la « déportation » intérieure, sur le territoire congolais mais en dehors de leur terroir, permet de magnifier à la fois le sentiment de persécution et de victimisation, ainsi que la conscience d'une identité commune blessée.

* *Les récits des leaders matsouanistes*

Le mode individuel et narratif d'élaboration du récit de fondation du matsouanisme et de valorisation religieuse et politique de Matsoua par leurs leaders mérite, pour être bien compris, que soient rapportés ici quelques propos tenus par les leaders actuels du matsouanisme répartis en trois tendances principales repérables par leurs tenues différentes. En dépit des répétitions qui peuvent paraître gênantes parce qu'issues des enquêtes de terrain, les récits de trois tendances du matsouanisme retenus ici à dessein, méritent une attention particulière afin de comprendre la suite de notre lecture anthropologique :

**Première tendance*

Le leader matsouaniste commence par donner des précisions utiles sur la structure interne du matsouanisme et sur les différents tendances religieuses et politiques : « Nous nous sommes des matsouanistes avec la tenue bleue, les amicalistes, c'est le gouvernement. Mais les fidèles sont ceux qui prient, qui se mettent à genoux. Ceux de Mpissa sont ceux de Mpissa. Ceux du Mbongui sont les amicalistes. Nous ressemblons aux catholiques qui ont un gouvernement mais ceux qui prient sont les protestants, l'armée du salut et autres, qui sont des religions. Le gouvernement réunit tous les fidèles de différentes catégories de fidèles. Cela ressemble à de petits groupes qui se regroupent au sein du gouvernement » (sic!). Puis vient le récit sur la généalogie du mouvement à partir de l'expérience de la violence coloniale et postcoloniale au moment des indépendances : « *Tout le monde est mort et il ne reste que le groupe de Mpissa et le chef qui formait les groupes était aussi mort, Laurent, mais le premier était Nzoungou Fidèle. A la mort de Laurent il n'y a plus eu de successeur. Quand on nous a déportés, on était mélangés puisqu'on avait la même doctrine, celle de Matsoua André Grenard et Simon Kimbangou, bien que faisant partie de différents groupes. A commencer par Djambala,*

Ouesso, Fort-Rousset, Ngamboma, Makoua, Souanké dans la zone nord, le dernier c'est Souanké à la frontière avec le Cameroun. Sur le long du chemin de fer je ne connais pas tellement : Mvouti, Makabana et bien d'autres postes. Les autres y sont restés jusqu'à présent et beaucoup sont morts car nous ne sommes plus restés nombreux (...) ».

« *A l'époque nous on payait les impôts, mais quand Youlou avait pris le pouvoir on ne voulait plus nous recevoir dans les centres de santé et on nous disait d'aller chez Matsoua pour se faire soigner, et dans toutes les institutions nous étions niés parce que nous prions Matsoua* ». En axant son récit sur l'expérience politique de la lutte anticoloniale, le leader matsouaniste cherche à établir une médiation entre le vécu de leur condition et la conscience historique qui se construit au fil de la répétition des actions miraculeuses qu'André Grenard Matsoua aurait accomplies :

« *Nous, nous menons une lutte qui concernait tout le peuple « ma bâ ma n'seke mana ma fua, mana ma yingana». Et puis ce vieux qui a longtemps souffert pour nous avait beaucoup prêché tant à Kinkala quand nous autres on était petit. Mais quand on le mettait en prison, à l'audience il était enchaîné aux pieds et menotté aux poignets, il disait toujours: « Mère noire, ni un blanc, ni un noir, personne ne me tuera mais si je libère les blancs au cas où je partais chez eux, vous, vous allez souffrir. Faites un effort car là où j'avais libéré les blancs n'était qu'un commencement, mais la fin c'est chez vous et si vous entendez que Matsoua est mort, c'est du mensonge» . - Il était 12 fois en prison. Après Kinkala, on l'a amené à Mindouli, on avait creusé une fosse de 32 m avec une machine et dedans on y avait mis de l'essence, dessus une dalle en ciment, c'est le commandant Missoue-Missouelele qui commandait là-bas. On l'a pris à Kinkala pour aller le tuer, on l'a enchaîné aux pieds et aux bras, puis on l'a jeté dans la fosse, on y a mis le feu et recouvert la dalle. Monsieur Missoue-Missouelele a pris sa voiture pour venir annoncer la mort de Matsoua, mais dès qu'il est descendu de sa voiture il était en face de Matsoua en costume blanc, il tremblait et lui de lui dire « non, ne tremble pas ». Puis, on l'a remis en prison et ils (l'administration coloniale) se demandaient comment on va mentir les lari. Pendant ce temps, tous les vieux étaient au courant qu'on a jeté Matsoua dans une fosse mais ils n'ont pas pu, maintenant il est à Brazzaville ; mais celui qui faisait passer l'annonce on ne le voyait pas, c'est lui-même qui se dédoublait. Jusqu'à la mairie où il y a une piscine où se baignaient les blancs, à côté de la mfoa. tous les chefs avaient tenu une réunion, les blancs comme les noirs. Ils se sont retrouvé et ont décidé que c'est ici qu'il prendra les 12 balles. Au milieu de la nuit, on lui a demandé de parler : « Bon, vous allez me tuer ? oui. Mère noire, vous n'y arriverez pas ». Au début, ils avaient choisi un Sara (milicien tchadien) qui devait le tuer mais chaque fois que le jour de* *l'exécution arrivait, le sara était malade, alors ils ont cherché un lari et le lari qui avait tiré se trouve à Brazzaville jusqu'aujourd'hui. Il lui a dit: « Toi, tu ne mourras pas, il faut que je revienne te trouver ici », et il est encore en vie, mais j'ignore son nom, il habite là-bas, nous causons aussi, il est devenu un vieillard. Quand le moment arriva, après les discours, on l'a placé au bord du ruisseau, on l'a enchaîné puis on a tiré sans qu'il ne meurt. On a tiré encore sans résultat et pour la 3è fois, le sang avait giclé en l'air et les blancs se sont dispersés laissant derrière eux voitures et souliers. Le lendemain pour aller retirer son corps, il (Matsoua) était sorti de la prison qui se trouvait à l'actuel Union Congolaise des Banques du rond-point de la grande poste, vêtu d'un costume blanc. Tous s'étaient dispersés il leur a demandé de ne pas trembler: « Moi, c'est Matsoua, ne fuyez pas et n'ayez pas peur, faites seulement ce que vous voulez » (*entretiens*).*

Le récit du leader se poursuit à la fois, sur le mode identificatoire avec le « chemin de croix» du Messie Jésus, et avec l'action héroïque de De Gaulle qui symbolise ici la puissance : « *On l'a reconduit en prison pour récupérer ses biens puis ils sont partis en direction de Mayama. On a mis sur lui des sacs de sel afin qu'il meurt. Arrivé à Fouloumoueri, ils ont rencontré des femmes qui passaient avec de l'eau sur la tête. La voiture s'est arrêtée et il a demandé de l'eau, certaines l'injuriaient et d'autres pleuraient, il leur dit: « Ne pleurez pas car je vous laisserai un tombeau et je vous détacherais» , parce qu'à l'époque, les papas étaient attachés au cou avec trois nœuds et cela parfois tout un village, c'était pénible et nous on était tout petit. Arrivé à Mayama, on l'a jeté par terre, puis on lui a flanqué une casserole au cou, alors il a fait semblant de mourir, ils ont cru qu'il était mort. On l'a jeté en prison et le lendemain, on lui a fait transporter des fagots de bois, ces fagots de bois, c'est ce qu'on appelle croix, c'était de gros fagots de bois qu'il fallait transporter sur la montagne qu'on appelle montagne Calvaire à Mayama. Après plusieurs montées et descentes, il était en sueur, puis on l'a remis en prison, ensuite on l'a amené dans une forêt où on lui a fait porter une couronne d'épine. Il a crié pendant un quart d'heure, et tout était calme dans la forêt, puis on l'a fait descendre et lui d'invoquer la Mère noire: « Mère noire, par rapport aux guerres qui se déroulent en Europe, que pouvons-nous faire ? Si vous (les blancs) cessez d'arrêter mes noirs et de les tuer, de les brûler, moi j'irai arrêter la guerre d'Europe, Hitler et De Gaulle étaient à couteaux tirés. C'est moi-même qui trouverais le moyen de rentrer en France, mais vous ne pouvez m'emmener par force car vous ne serez pas en paix ». C'est pourquoi, il se fera amener par Moutsila qui a reçu des instructions de Matsoua devant les blancs. Moutsila prendra la voiture à bord de laquelle se trouva Matsoua et un commandant blanc qui l'avait auparavant accompagné en Europe. Quelques temps plus tard, Matsoua disparaît et le blanc (commandant) de demander d'arrêter tous les vieux et toutes les femmes qu'il trouvera en chemin. Il va alors le rencontrer en chemin avec son petit sac et pose la question à Matsoua de savoir ce qui n'allait pas. Il va monter dans la voiture mais dit au préalable à Moutsila: « Si jamais on vous mentait que Matsoua est mort, ne croyez pas car moi je vais en Europe pour arrêter la guerre. Il ne faut pas qu'on vous mente, fait circuler la nouvelle auprès des autres que Matsoua est rentré en Europe.» Alors, il va transformer en blanc, en Sara avec des balafres et ceci à trois reprises. Ils ont emprunté la piste de Djambala qui n'existe plus, il avait fait apparaître des étangs. Moutsila l'avait accompagné jusqu'à Dakar. Les blancs, pour corrompre Moutsila afin qu'il ne dise rien, lui donneront 200 000 francs et de ce fait devint citoyen français. Il acheta une voiture qu'on appelait à l'époque « blindé ». Pour convaincre les gens que Matsoua était mort, on enveloppa dans un drap un tronc de bananier qu'on enterra. Quand les lari disent que Matsoua est mort, mais qui avait fait cesser la guerre en Europe ? Moutsila qui avait gardé au secret la nouvelle, curieusement elle va être connue de tout le monde que c'est lui qui l'avait accompagné. Quand il était rentré en Europe, il avait auparavant appelé Pierre Kinzonzi, il lui dit de faire collecter de l'argent avec l'aide des militaires mais ça soit vite fait. Une partie de la collecte sera versée en banque et une autre sera envoyée en Europe. A la fin de la guerre, les français avaient gagné d'où notre indépendance. Notre petite indépendance attribuée n'est qu'une indépendance de diable, mais la vraie indépendance viendra après et quand lui-même reviendra ça va barder, mais quand on vous dit que Matsoua est mort, ce n'est pas vrai puisqu'il se promène ici et nous, nous le voyons de nos propres yeux et s'il veut me voir, il vient ». On en avait marre avec les impôts parce qu'on nous envoyait toujours auprès de Matsoua qui vous donner des médicaments: nous payons tous l'impôt pour acheter les médicaments mais vous ne voulez pas que nous bénéficions des médicaments. A lors on s'est dit que nous ne pourrons payer l'impôt que lorsque nous verrons Matsoua et Simon, on nous interdit d'avoir tous les papiers administratifs. Youlou va nous persécuter jusqu'à nous tuer: Trente-sept (37) personnes à Mpila, on leur a enlevé le cœur et la cervelle. Les autres vont être dispersés à travers tout le pays, notamment le long du CFCO et au nord du pays. Nous qui nous cachions dans les maisons étions aussi arrêtés. Moi j'étais parti me cacher dans la forêt de la Tanaf mais à la sortie, mon oncle ne voulait pas que j'aille à Mpila car ils peuvent te tuer avec ton enfant, c'est pourquoi j'étais resté. Youlou dira que tous ceux qui sont restés »* (Entretiens).

**Deuxième tendance* - Entretiens n° 2 avec S.B. (Pigeons, tenues kaki, rouge et blanche), chef de la paroisse de Mpissa.

Le récit de cet autre leader d'une autre tendance matsouaniste, bien que différent sur la forme conserve quant au fond du discours la même force persuasive manifeste : « Le fondateur de Mpissa c'est Nzoungou Fidèle. Les Blancs ne voulaient pas entendre parler du nom de Matsoua ; on l'arrêtera à Mayama et sera déporté par les Blancs, et que celui qui prononcera le nom de Matsoua André recevra douze balles. Alors Nzoungou fera un rêve qui disait : « Mon nom de Matsoua André ne pourra être valorisé que par toi Nzoungou », et lui de refuser parce que ce nom était défendu et que si je le prononçais je serais mort ; et lui de dire : « Pour mon nom, on ne te tuera pas ». Matsoua lui a promis la mort s'il refusait d'obéïr, et Nzoungou a accepté de mourir. Alors il mourut et se réveillera après neuf (9) jours. Comme c'était à l'époque du Moyen-Congo, les chambres froides n'existaient pas, on le gardait seulement à la maison. Alors, il mit le nom de Matsoua en valeur, puis il fera la prison neuf fois pour avoir prononcé le nom de Matsoua. Et Matsoua de dire : « Mon nom doit être valorisé et mon église doit être implantée à Mpissa ». Les Blancs ont fait passer un test à Nzoungou avant de lui céder la place de Mpissa. Le Moyen-Congo a donné trois véhicules Citroën aux matsouanistes qui devaient les déposer à Ngabé. Il leur a dit que si vous revenez à pieds, on vous cède Mpissa. On les déposa à Ngabé à 5h du soir et ils arrivèrent en même temps que les véhicules sur Brazzaville. Alors on leur dira que votre Dieu est vraiment vivant ». Sur la généalogie du matsouanisme, celui-ci se montre plus précis dans les détails, notamment sur le choix des couleurs des vêtements : « Celui qui a succédé à Nzoungou fut Tchakaka ; puisque c'est un travail qu'on ne peut pas faire seul, on choisit aussi Laurent Nzoungou, puis on priait mais sous la bastonnade des policiers et on partait en prison sans cesse. Avant la mort de Nzoungou, il prédira qu'à sa mort il y aura une scission, et le groupe sera divisé en trois; à cette époque personne n'y croyait. Il mourut et fut enterré à Mandzakala, puis au retour, Laurent Nzougou va vouloir que l'on porte le noir; et Tchakaka de dire que Matsoua n'est pas mort, moi je ne vais pas porter le noir, mais désignera le kaki et le kaki vert olive. La bagarre éclatera à Mpissa, puis après nous avons porté le blanc et le kaki, et Laurent Nzoungou le noir. Nous serons encore arrêtés, beaucoup étaient blessés, mais il n'y a pas eu de mort. Une note fut signée par les autorités policières, disant que Tsiakaka s'appellerait pigeons et doit porter la tenue kaki, rouge, la tenue en raphia, ainsi que le blanc et non le noir ; il a signé lui aussi cette décision. Toi Laurent Nzoungou, tu ne peux porter que du noir; puisque tu dis que Matsoua est mort, tu porteras le noir et c'est toi le corbeau, d'où les corbeaux et les pigeons. Alors va arriver le problème d'impôts, on va nous disperser,

Laurent Nzoungou et Tchakaka irons à impfondo, moi à Fort-Rousset. Quand nous sommes revenus, Laurent Nzoungou est resté à Mpissa, pour éviter toute dispute, Tsiakaka s'est mis à l'écart. Une 2e bagarre va encore éclater entre les pigeons avec des coups de poings ; nous on était 6 et du côté de Ikouole, ils étaient nombreux avec des femmes, et nous on n'avait qu'une seule. Ikouole s'est séparé de nous, mais séparé par une clôture au milieu, alors nous nous sommes retrouvés en 3 groupes. Après la mort de Tchakaka et après la bagarre nous nous sommes encore séparés, d'où une partie de Ikouole et l'autre à moi. Donc, le 1er fondateur de Mpissa c'est Fidèle Nzoungou, puis Tchakaka, puis Laurent Nzoungou. Après Laurent Nzoungou, puisqu'il y a eu des divisions, je ne sais pas qui lui a succédé. De notre côté, après la division, il y a eu Simon Ikouole, et de l'autre c'est moi Samuel Baloukoula. C'est le gouvernement qui dirige l'église, prend des décisions ; c'est le gouvernement qui décide de tout, même les dogmes.

- *« Sous quels critères choisissez-vous les chefs ?»* A la mort du précédent on fait un vote, mais on ne peut pas prendre n'importe qui. Après Pierre Kinzonzi, il y avait un autre qui était mort aussi, c'est Pierre Nganga, puis Pierre Missamou, puis récemment Pierre Pia-Pia ; puis maintenant Mitolo. Mitolo commande le gouvernement, mais spirituellement, c'est moi qui suis le plus grand.

- *Qu'est-ce que c'est que le mbongui ?* - Le mbongui, c'est là où tout le monde se réunit au gouvernement, c'est la spiritualité, et ici c'est la mission comme chez les catholiques, et le gouvernement, c'est comme Lissouba (président de la République élu en 1992 et chassé du pouvoir en 1997, à la suite d'une guerre). Il y avait plusieurs mbongui dans tout le pays, mais il ne reste que celui-ci. Nous sommes nombreux jusque dans les villages, mais le seul mbongui c'est celui-ci.

- *Priez-vous avec les Bulamananga ?* - Nous ne prions pas dans le Bulamananga, mais quand on est malade on se fait soigner là-bas ; ce n'est qu'une religion, mais ils traitent aussi des malades. Eux, ils ne viennent jamais chez nous, parce que ce n'est pas notre travail. Je ne connais pas la signification de Bulamananga.

- *Quelle est la signification de la croix ?* - Cette croix veut dire Jésus 1, Jésus 2. La 1re, c'est la crucifixion chez les Blancs, et la 2e chez les Noirs. Le signe « V » signifie qu'il est vivant. Sur cet insigne des Français, il y a une croix, ça c'est le fouet avec lequel on tapait Jésus ; ce qui ressemble au soleil c'est la tête et ça, ce sont des flèches, et ça, c'est la lune. Sur cette stèle, il y a Youlou, les miliciens, et ça c'est à Mayama, le gouverneur Eboué. Pour nous, elle représente les gens qui tapaient Matsoua à Mayama. Mais en face de l'immeuble de l'UAPT, le monument veut dire : « Nous les Noirs du monde entier, c'est là-bas qu'on a enlevé les chaînes de l'esclavage ». Quand on avait crucifié Matsoua à Mayama, les Noirs ont retrouvé la liberté, on ne pouvait plus les enchaîner.

- *Que représente pour vous le nom de Matsoua ?*- Matsoua avait dit ceci : « Il suffira de prononcer mon nom et je ferai le reste. Où que vous soyez, prononcez mon nom et je ferai le reste », et en ce moment il doit être content ; et si ce nom disparaissait, on ne pourra rien faire. Chaque église donne un certain poids au nom Matsoua et nous, nous donnons aussi un certain poids à ce nom aussi. Toi aussi, maintenant que tu l'as entendu, donne la foi à Matsoua, dis seulement le nom sans l'écrire, même si tu n'allumais pas la bougie, ce n'est pas du fétichisme. Même avant de se coucher, demande seulement, tu auras la réponse au cours d'un rêve, même si tu fais des doutes.

- *Vous arrive-t-il d'aller débroussailler les cimetières ?* - Oui pour les matsouanistes morts ; mais si l'Etat nous le demande nous le ferons. Nous débroussaillons le jour de la Pâques et de la Toussaint ; pour ceux qui étaient enterrés aussi à Kimpila, nous le faisons. Nous ne prions jamais au cimetière. Ce n'est qu'à la Toussaint que nous allons mettre des fleurs sur la tombe de Tsiakaka, et nous chantons, car c'est lui notre chef ; ceux qui sont au village vont chez Nzoungou aussi, mais pas les autres jours.

- *Vous avez dit qu'il y avait beaucoup de gouvernements dans tout le pays, où se trouvaient les autres ? Et qui peut être membre du gouvernement ?* - Il y en avait à Pointe-Noire et à Brazzaville. A Brazzaville, l'un se trouvait dans le quartier Dahomey (à côté de la Case De Gaulle), et l'autre, c'est celui-ci de la rue Kitengué. A Pointe-Noire, il n'y avait qu'un seul mais maintenant il n'en reste qu'un. Chez nous tous les membres du gouvernement ne sont pas des chefs, il suffit de prier seulement. Au fur et à mesure qu'on prie avec sa famille, à la mort du père, c'est l'enfant qui prend sa place.

- *Quelle est la date précise de la mort de Fidèle Nzoungou ?* - Les dates se trouvent dans le cahier de mon petit frère, c'est en 1953, mais je ne me souviens plus du jour. Pour le compte de Mpissa, c'est Fidèle Nzoungou qui était le 1er, celui qui lui a succedé c'est Tchakaka. Mais à cette époque, c'est Pierre Kinzonzi qui commandait le gouvernement, le fondateur était Matsoua. C'est même lui qui avait envoyé les militaires combattre en France, Matsoua et Kinzonzi étaient des combattants. Certaines personnes disent que Matsoua est mort, mais nous disons que Matsoua est vivant ; ce qui veut dire que Matsoua est vivant, c'est ça la signification du « V » = vie. Matsoua André Grenard s'il est en France, ce n'est pas un animal mais une personne ; mais il est en France dans une maison. C'est un grand chef, mais ce n'est pas n'importe qui peut aller là-bas, personne ne connaît là-bas, mais eux-mêmes les Français qui ont la calvitie (signe de l'autorité et du pouvoir) connaissent là-bas. Si on le voyait pas, on ne l'aurait pas retenu, et on ne pouvait pas le laisser venir ici. Matsoua est une personne et le diable n'est pas une personne. Du fait que Matsoua est pur, c'est pourquoi il est là-bas, et celui qui est ainsi est un fils de Dieu.

- *Comment êtes-vous organisés* ? - Le gouvernement de la rue K. est central, les corbeaux et les pigeons s'y réunissent avec les Amicalistes ; les paroisses sont séparées, mais le leader reste Matsoua André. Les Bulamananga sont aussi appelés corbeaux par les gens qui ne connaissent pas. Que tu sois pigeons ou Amicaliste, on t'appellera toujours corbeaux, mais au fond nous sommes séparés et chacun a son appellation. Nous qui sommes à Mpissa nous sommes des pigeons, ceux qui se mettent en noir sont des corbeaux, et ceux du gouvernement sont des Amicalistes; et les autres sont des Bulamananga, mais tous sont régis par un seul gouvernement central.

- *Que pensez-vous de l'initiative de Madédé de vouloir fusionner Amicale et Bulamananga ?* - Je connais Madédé mais au mbongui, et nous nous sommes à Mpissa. Eux les Bulamananga doivent aussi avoir leur chef, c'est Mbemba Constant qui habite à Mabaya. Les Bulamananga ont beaucoup d'églises. Madédé n'est pas beaucoup reconnu parce qu'il y a une liste des gens qui ont fait la prison. Nous qui avions fait la prison, on nous délivré des papiers que je peux te montrer. Ce papier, nous le présentons à la place de la carte d'identité et sur ce papier sont écrites la date et le lieu de détention, quelle que soit ton appartenance religieuse, que tu sois corbeau, pigeon ou Bulamananga; moi j'avais fait la prison à Fort-Rousset, et pour prouver que je suis matsouaniste, il faut ce papier. Certains ont fait la prison à Mvouti, Dolisie, Pointe-Noire, Sibiti, Mayama, Djambala, Abala, Gamboma, Makoua, Kellé, Ouesso, Souanké, Impfondo, Dongou. Et c'est là que Youlou nous avait envoyé en prison; à la fin de notre prison, on nous établissait un papier qui attestait le lieu de détention, mais si tu n'as pas ce papier tu n'es pas matsouaniste. C'est pourquoi, on est organisé au sein de l'église. Après Tchakaka venait Mpompa Ferdinand qui était en prison à Dolisie. A notre retour, on l'a fait venir mais il a refusé, et c'est maintenant qu'il est rentré à cause de la situation politique du pays (guerre civile de 1993 où lors du règne de Pascal Lissouba, les ressortissants de la région du Pool ont été expulsés de Dolisie région du Niari). Maintenant qu'il est rentré, il a perdu sa place que moi j'ai prise; et c'est à moi que Tchakaka avait donné la bénédiction avant sa mort, et c'est pourquoi on ne s'entend pas ».

*<u>Troisième tendance</u> - La tendance religieuse ikouole.

J'ai gardé certains passages dans ce récit de la tendance Ikouole qui peuvent donner l'impression d'une simple répétition. Il s'agit ici de montrer la proximité des différents récits de leaders matsouanistes. Tel est ce passage des entretiens qui racontent les miracles accomplis par Matsoua lors de son arrestation par l'administration coloniale française :

« *Après une première fuite de la prison, on l'a rattrappé puis on l'a remis en prison et ils (l'administration coloniale) se demandaient comment on va mentir les Lari. Pendant ce temps tous les vieux étaient au courant qu'on a jeté Matsoua dans une fosse mais ils n'ont pas pu, maintenant il est à Brazzaville ; mais celui qui faisait passer l'annonce on ne le voyait pas, c'est lui-même qui se dédoublait. Jusqu'à la mairie où il y a une piscine où se baignaient les Blancs, à côté de la Mfoa, tous les chefs avaient tenu une réunion, les Blancs comme les Noirs. Ils se sont retrouvés et ont décidé que c'est ici qu'il prendra les 12 balles. Au milieu de la nuit, on lui a demandé de parler: « Bon, vous allez me tuer ? oui. Mère noire, vous n'y arriverez pas.» Au début, ils avaient choisi un Sara (milicien tchadien) qui devait le tuer mais chaque fois que le jour de l'exécution arrivait, le Sara était malade, alors ils ont cherché un Lari et le Lari qui avait tiré se trouve à Brazzaville jusqu'aujourd'hui. Il lui a dit : « Toi, tu ne mourras pas, il faut que je revienne te trouver ici », et il est encore en vie, mais j'ignore son nom, il habite là-bas, nous causons aussi, il est devenu un vieillard. Quand le moment arriva, après les discours, on l'a placé au bord du ruisseau, on l'a enchaîné puis on a tiré sans qu'il ne meure. On a tiré encore sans résultat et pour la 3e fois, le sang avait giclé en l'air et les Blancs se sont dispersés laissant derrière eux voitures et souliers. Le lendemain pour aller retirer son corps, il (Matsoua) était sorti de la prison qui se trouvait à l'actuel Union Congolaise des Banques du rond-point de la grande poste, vêtu d'un costume blanc. Tous s'étaient dispersés, il leur a demandé de ne pas trembler: « Moi, c'est Matsoua, ne fuyez pas et n'ayez pas peur, faites seulement ce que vous voulez ». On l'a reconduit en prison pour récupérer ses biens puis ils sont partis en direction de Mayama. On a mis sur lui des sacs de sel afin qu'il meure. Arrivé à Fouloumoueri, ils ont rencontré des femmes qui passaient avec de l'eau sur la tête. La voiture s'est arrêtée et il a demandé de l'eau, certaines l'injuriaient et d'autres pleuraient, il leur dit : « Ne pleurez pas car je vous laisserai un tombeau et je vous détacherai », parce qu'à l'époque, les papas étaient attachés au cou avec trois nœuds et cela parfois tout un village, c'était pénible et nous on était tout petits. Arrivé à Mayama, on l'a jeté par terre, puis on lui a flanqué une casserole au cœur, alors il a fait semblant de mourir, ils ont cru qu'il était mort. On l'a jeté en prison et le lendemain, on lui a fait transporter des fagots de bois, ces fagots de bois, c'est ce qu'on appelle croix, c'était de gros fagots de bois qu'il fallait transporter sur la montagne qu'on appelle montagne Calvaire à Mayama. Après plusieurs montées et descentes, il était en sueur, puis on l'a remis en prison, ensuite on l'a amené dans une forêt où on lui a fait porter une couronne d'épine. Il a crié pendant un quart d'heure, et tout était calme dans la forêt, puis on l'a fait descendre et lui d'invoquer la Mère noire : « Mère noire, par rapport aux guerres qui se déroulent en Europe, que pouvons-nous faire ? Si vous (les Blancs) cessez d'arrêter mes Noirs et de les tuer, de les brûler, moi j'irai arrêter la guerre d'Europe, Hitler et De Gaulle étaient à couteaux tirés. C'est moi-même qui trouverai le moyen de rentrer en France, mais vous ne pouvez m'emmener par force car vous ne serez pas en paix»* (entretiens).

Cette construction du récit est délibérément élaborée sur le modèle de l'expérience douloureuse de Jésus. Le récit montre aussi comment s'élabore la stratégie matsouaniste de la répétition de l'acte inaugural et le renouvellement du matsouanisme par le discours. Car le récit sert aussi à légitimer son autorité spirituelle, morale et à exprimer sa modernité politique sur les fidèles matsouanistes :

« Le fondateur de Mpissa c'est Nzoungou Fidèle. Les Blancs ne voulaient pas entendre parler du nom de Matsoua; on l'arrêtera à Mayama et il sera déporté par les Blancs, et que celui qui prononcera le nom de Matsoua André recevra douze balles. Alors Nzoungou fera un rêve qui disait : « Mon nom de Matsoua André ne pourra être valorisé que par toi Nzoungou », et lui de refuser parce que ce nom était défendu et que si je le prononçais je serais mort; et lui de dire : « Pour mon nom, on ne te tuera pas ». Matsoua lui a promis la mort s'il refusait d'obéir, et Nzoungou a accepté de mourir. Alors il mourut et se réveillera après 9 jours. Comme c'était à l'époque du Moyen-Congo, les chambres froides n'existaient pas, on le gardait seulement à la maison. Alors, il mit le nom de Matsoua en valeur, puis il fera la prison neuf fois pour avoir prononcé le nom de Matsoua. Et Matsoua de dire : « Mon nom doit être valorisé et mon église doit être implantée à Mpissa ». Les Blancs ont fait passer un test à Nzoungou avant de lui céder la place de Mpissa. Le Moyen-Congo a donné trois véhicules Citroën aux matsouanistes qui devaient les déposer à Ngabé. Il leur a dit que si vous revenez à pieds, on vous cède Mpissa. On les déposa à Ngabé à 5h du soir et ils arrivèrent en même temps que les véhicules sur Brazzaville. Alors on leur dira que votre Dieu est vraiment vivant (...) Celui qui a succédé à Nzoungou fut Tchakaka; puisque c'est un travail qu'on ne peut pas faire seul, on choisit aussi Laurent Nzoungou, puis on priait mais sous la bastonnade des policiers et on partait en prison sans cesse. Avant la mort de Nzoungou, il prédira qu'à sa mort il y aura une scission, et le groupe sera divisé en trois; à cette époque personne n'y

croyait. Il mourut et fut enterré à Mandzakala, puis au retour, Laurent Nzoungou va vouloir que l'on porte le noir; et Tchakaka de dire que Matsoua n'est pas mort, moi je ne vais pas porter le noir, mais désignera le kaki et le kaki vert olive. La bagarre éclatera à Mpissa, puis après nous avons porté le blanc et le kaki, et Laurent Nzoungou le noir. Nous serons encore arrêtés, beaucoup étaient blessés, mais il n'y a pas eu de mort. Une note fut signée par les autorités policières, disant que Tsiakaka s'appellerait pigeons et doit porter la tenue kaki, rouge, la tenue en raphia, ainsi que le blanc et non le noir; il a signé lui aussi cette décision. Toi Laurent Nzoungou, tu ne peux porter que du noir; puisque tu dis que Matsoua est mort, tu porteras le noir et c'est toi le corbeau, d'où les corbeaux et les pigeons. Alors va arriver le problème d'impôts, on va nous disperser, Laurent Nzoungou et Tchakaka irons à impfondo, moi à Fort-Rousset. Quand nous sommes revenus, Laurent Nzoungou est resté à Mpissa, pour éviter toute dispute, Tsiakaka s'est mis à l'écart. Une 2ème bagarre va encore éclater entre les pigeons avec des coups de poings; nous on était 6 et du côté de Ikouole, ils étaient nombreux avec des femmes, et nous on n'avait qu'une seule. Ikouole s'est séparé de nous, mais séparé par une clôture au milieu, alors nous nous sommes retrouvés en 3 groupes. Après la mort de Tchakaka et après la bagarre nous nous sommes encore séparés, d'où une partie de Ikouole et l'autre à moi. Donc, le 1er fondateur de Mpissa c'est Fidèle Nzoungou, puis Tchakaka, puis Laurent Nzoungou. Après Laurent Nzoungou, puisqu'il y a eu des divisions, je ne sais pas qui lui a succédé. De notre côté, après la division, il y a eu Simon Ikouole, et de l'autre c'est moi S. B. C'est le gouvernement qui dirige l'Eglise, prend des décisions; c'est le gouvernement qui décide de tout, même les dogmes. Avant 1970, ajoute-t-il, il y avait beaucoup de gouvernements dans tout le pays. Il y en avait à Pointe-Noire et à Brazzaville. A Brazzaville, l'un se trouvait dans le quartier Dahomey (à côté de la Case De Gaulle), et l'autre, c'est celui-ci de la rue k. A Pointe-Noire, il n'y avait qu'un seul mais maintenant il n'en reste qu'un. Chez nous tous les membres du gouvernement ne sont pas des chefs, il suffit de prier seulement. Au fur et à mesure qu'on prie avec sa famille, à la mort du père, c'est l'enfant qui prend sa place» (entretiens).

Quant aux critères retenus pour choisir les chefs de l'aile politique et de l'aile spirituelle et religieuse du matsouanisme, les réponses fournies sont un peu évasives : « A la mort du précédent on fait un vote, mais on ne peut pas prendre n'importe qui. Après Pierre Kinzonzi, il y avait un autre qui était mort aussi, c'est Pierre Nganga, puis Pierre Missamou, puis récemment Pierre Pia-Pia ; puis maintenant M. C'est lui qui commande le gouvernement central, mais spirituellement, c'est moi qui suis le plus grand. Le *mbongui,* c'est là où tout le monde se réunit au gouvernement, c'est la spiritualité, et ici c'est la mission comme chez les catholiques, et le gouvernement, c'est comme Lissouba (président de la République élu en 1992 et chassé du pouvoir en 1997, à la suite d'une guerre). Il y avait plusieurs mbongui dans tout le pays, mais il ne reste que celui-ci. Nous sommes nombreux jusque dans les villages, mais le seul mbongui c'est celui-ci » (sic !).

Il y a sans doute une logique de l'espérance qui fonctionne dans les messianismes et qui permet au prophète, messie ou leader de jouer un rôle de premier plan tant dans l'accroissement de son pouvoir de domination que dans la mobilisation de la communauté messianique autour de sa figure : « *Cette croix veut dire Jésus 1, Jésus 2. La 1re, c'est la crucifixion chez les Blancs, et la 2e chez les Noirs. Le signe « V » signifie qu'il est vivant. Sur cet insigne des Français, il y a une croix, ça c'est le fouet avec lequel on tapait Jésus ; ce qui ressemble au soleil c'est la tête et ça, ce sont des flèches, et ça, c'est la lune. Sur cette stèle, il y a Youlou, les miliciens, et ça c'est à Mayama, le gouverneur Eboué. Pour nous, elle représente les gens qui tapaient Matsoua à Mayama. Mais en face de l'immeuble de l'UAPT, le monument veut dire : « Nous les Noirs du monde entier, c'est là-bas qu'on a enlevé les chaînes de l'esclavage ». Quand on avait crucifié Matsoua à Mayama, les Noirs ont retrouvé la liberté, on ne pouvait plus les enchaîner* ». Et c'est en exploitant habilement le temps fort du mythe, c'est-à-dire en introduisant des jeux de distinction entre le moment de la crise, du désespoir du présent et le moment de richesse, de liberté situé dans le futur, que les leaders matsouanistes réalisent la synthèse du temps primordial ou de la création archétypale et du temps historique. Ici la revalorisation du mythe du « monde renversé », à travers l'attente messianique de l'avènement de la nouvelle société s'effectue dans une régénération cyclique du temps ; un temps profane intégré dans un espace sacralisé, dans lequel la répétition du geste inaugural de l'action messianique doit conduire au salut des opprimés :

« Matsoua avait dit ceci : « Il suffira de prononcer mon nom et je ferai le reste. Où que vous soyez, prononcez mon nom et je ferai le reste; et en ce moment il doit être content ; et si ce nom disparaissait, on ne pourra rien faire. Chaque église donne un certain poids au nom Matsoua et nous, nous donnons aussi un certain poids à ce nom aussi. Toi aussi, maintenant que tu l'as entendu, donne la foi à Matsoua, dis seulement le nom sans l'écrire, même si tu n'allumais pas la bougie, ce n'est pas du fétichisme. Même avant de se coucher, demande seulement, tu auras la réponse au cours d'un rêve, même si tu fais des doutes » (Entretiens).

Mais le leader matsouaniste, véritable acteur social, joue aussi sur le scénario de la division manichéenne du monde, élus/païens, fidèles/flatteurs Noirs. L'invention du discours par celui-ci emprunte quelquefois la forme théâtrale du jeu de la division et de la dérision[75], ceci pour marquer la rupture entre les adeptes qui participent à la dynamique créatrice de l'avènement du nouveau monde et les non-croyants qui en seront bannis et expulsés. La division manichéenne du monde fait donc partie de la logique individuelle du pouvoir du leader matsouaniste qui doit en même temps assurer la cohésion sociale et idéologique de la communauté messianique et maintenir la distance avec les ennemis désignés comme tels. Quoique cette logique individuelle du pouvoir s'inscrive dans des pratiques sociales de domination charismatique du prophète, elle ne saurait en elle-même mettre en mouvement la communauté messianique.

Au terme de cette analyse historique du matsouanisme et du fonctionnement du politique et du champ religieux à Brazzaville, on peut se rendre à l'évidence de l'étroite interpénétration du politique et du religieux. Dans l'espace urbain brazzavillois, ce lien entre politique et religion appréhendé à travers les différents prophétismes des périodes coloniale et post-coloniale dénote une manière de dire le social, le culturel et le symbolique. On peut retenir quelques leçons particulières et générales tant du côté du religieux que de celui du politique. Du point de vue du religieux, on a affaire avec le matsouanisme à un messianisme qui a cherché à chaque fois à conserver la tradition des croyances des ancêtres, véritables intercesseurs entre les hommes et Dieu, et la revendication d'une autre vérité religieuse fondée sur le remodelage des offres chrétiennes occidentales[76]. La présence de nombreux mouvements et églises de réveil à Brazzaville en particulier a inévitablement bouleversé le matsouanisme dans ses certitudes dogmatiques des années 1950.

En effet, le cumul de ressources matérielles et symboliques, l'adaptation à l'évolution politique de la société congolaise, la valorisation de l'individu dans les pratiques croyantes installent le matsouanisme dans une temporalité sociale et politique où les ancestralités multiples reconstruites réactualisent les croyances messianiques en l'avènement du « nouveau monde » sous la conduite de Matsoua ; et c'est ici que sa dimension politique fait sens avec les mutations urbaines en cours. Si l'on

---

[75] Notons que la pratique théâtrale du jeu de la division et de la dérision est très ancienne. Elle permet de contrôler et de banaliser les conflits sociaux en les sublimant au niveau de l'imaginaire. Dans les cultes du Cargo en Nouvelle-Guinée, tout comme les Saturnales romaines, la pratique de l'inversion des rapports de domination maîtres-esclaves prend la forme rituelle et théâtrale du jeu de l'action organisée.

76. Nathalie Luca, La ronde des emprunts, rupture des frontières et flexibilité religieuse, in *Diogène n° 187, Métissage culturel entre religions écrites et traditions orales,* Paris, PUF/UNESCO, 2000 p. 3-12.

tient compte des rapports de force qui existent entre le matsouanisme et le pouvoir central, la domination de ce dernier par la détention du monopole de la violence physique légitime ne fait aucun doute. Là où les choses paraissent moins certaines, c'est lorsque cette domination a trait au pouvoir symbolique. Telles sont les premières leçons à tirer sur les raisons de la permanence du matsouanisme, dont les figures inépuisables en tant que mouvement social, religieux et politique l'inscrivent dans une modernité urbaine.

Le matsouanisme de 1990 à nos jours : permanence de la croyance, de la temporalité messianique et routinisation du charisme

Tout au long des pages précédentes je me suis efforcé de montrer la place qu'occupe le messianisme matsouaniste dans le champ religieux et politique urbain brazzavillois. Et que la réappropriation sélective des éléments symboliques chrétiens et autochtones, la construction d'une nouvelle représentation de l'ordre politique participent bel et bien de l'affirmation d'une double identité urbaine et religieuse. En effet, le matsouanisme s'est adapté aussi bien aux différentes mutations politiques qu'à la concurrence de nouvelles religions dans le contexte du pluralisme politique et religieux. J'ai laissé dessiner à travers leurs analyses que ces différents opérateurs religieux contribuaient à une subversion de l'ordre politique colonial et post-colonial ; toutes leurs revendications sont aussi à considérer comme des formes particulières de productions sociales, politiques et religieuses de la modernité urbaine. Par ailleurs, les « révélations » faites lors de mes enquêtes en 1990 et en 1992 par les leaders matsouanistes et les pasteurs d'églises pentecôtistes sur l'imminence de la violence politique au Congo donneront une « puissance » sociale supplémentaire au matsouanisme, notamment dans la « privatisation » des imaginaires politiques par les leaders matsouanistes ; c'est-à-dire dans la prétention au monopole de dire la « vérité politique et prophétique » sur l'à-venir du pouvoir temporel congolais « usurpé » depuis 1945, date de la « disparition » du « messie » Matsoua. Cette continuité messianique qui s'opère dans la concaténation des offres symboliques chrétiennes occidentales avec celles puisées dans le registre culturel autochtone ne se donne pas facilement à lire sans une analyse plus fouillée. C'est pourquoi, afin de mieux comprendre la permanence de la continuité messianique et le processus de « routinisation » du charisme dans le matsouanisme, je rappellerai brièvement plus loin les thèses principales formulées par Max Weber sur la domination charismatique, ainsi que sur la routinisation du charisme et ses effets. En effet, celui-ci a

Document 4

Colossos érigé à Nianga (village de Matsoua) au sud de Brazzaville

particulièrement montré les dimensions sociales et psychologiques ainsi que les effets de la « routinisation » du charisme dans le cadre de la domination charismatique. Résumons son point de vue sur la question. La domination charismatique, en tant qu'elle s'inscrit dans une relation durable au sein d'une communauté émotionnelle, politique ou hiérocratique, est avant tout de caractère extraordinaire et strictement personnel. Elle s'appuie tantôt sur la tradition, tantôt sur la rationalité bureaucratique, ou bien sur les deux en même temps, et est portée par : l'intérêt idéal ou matériel des disciples à la permanence et à la réanimation continue de la communauté; l'intérêt idéal et matériel qu'a la direction de la communauté de poursuivre l'existence de la relation sur un fondement quotidien durable. Et lorsque vient à disparaître la personne porteuse du charisme, ces problèmes deviennent plus actuels au moment de la succession. Max Weber souligne aussi que tout véritable rapport de domination comporte un minimum de volonté d'obéir, par conséquent un intérêt extérieur ou intérieur à obéir; et que toute domination sur un grand nombre d'individus requiert normalement (pas toujours cependant) un état-major d'individus déterminés et obéissant fidèlement. Il précise également que « *l'expérience montre qu'aucune domination ne se contente de bon gré de fonder sa pérennité sur des motifs ou strictement matériels, ou strictement affectuels, ou strictement rationnels en valeur. Au contraire, toutes les dominations cherchent à éveiller et à entretenir la croyance en leur « légitimité ». Mais, selon le genre de légitimité revendiquée, le type d'obéissance de la direction administrative destiné à le garantir et le caractère de l'exercice de la domination sont fondamentalement différents. Et avec eux son action* ».

Par conséquent, il faut distinguer les formes de domination suivant la revendication de légitimité qui leur est propre (...). La validité de cette légitimité de la domination peut principalement revêtir *:*

1) « *un caractère rationnel, reposant sur la croyance en la légalité des règlements arrêtés et du droit de donner des directives qu'ont ceux qui sont appelés à exercer la domination par ces moyens (domination légale) ;*

2) un caractère traditionnel, reposant sur la croyance quotidienne en la sainteté de traditions valables de tout temps et en la légitimité de ceux qui sont appelés à exercer l'autorité par ces moyens (domination traditionnelle) ;

3) un caractère charismatique, (reposant) sur la soumission extraordinaire au caractère sacré, à la vertu héroïque ou à la valeur exemplaire d'une personne, ou encore (émanant) d'ordres révélés ou émis par celle-ci (domination charismatique) (...) Aussi, ajoute-t-il, *dans le cas de la domination statutaire, on obéit à l'ordre impersonnel, objectif, légalement arrêté, et aux supérieurs qu'il désigne, en vertu de la légalité formelle de ses règlements et dans leur étendue. Dans le cas de la domination traditionnelle, on obéit à la personne du détenteur du pouvoir désigné par la tradition et assujetti (dans ses attributions) à celle-ci, en vertu du respect qui lui est dû dans l'étendue de la coutume. Dans le cas de la domination charismatique, on obéit au chef en tant que tel, chef qualifié charismatiquement en vertu de la confiance personnelle en sa révélation, son héroïsme ou sa valeur exemplaire, et dans l'étendue de la validité de la croyance en son charisme* »[77].

Dans l'exemple de la communauté matsouaniste, la routinisation du charisme s'est faite autour de deux ordres de légitimation : le premier a résidé dans la dissimulation aux adeptes de la vérité de la mort de Matsoua en 1942. « L'invisibilisation » du corps et de la sépulture de Matsoua par le pouvoir colonial sera déterminante pour la construction sociale et idéologique par les leaders religieux et syndicaux de la croyance à la disparition « mystérieuse » de ce dernier. En fondant leur espérance messianique sur le retour « attendu » de Matsoua, les leaders matsouanistes ont patiemment mis en place les ressorts psychologiques et sociaux nécessaires à la routinisation du charisme. Par la suite, la recherche d'un nouveau leader porteur de charisme se fera non seulement sur le mode individuel distinctif de la « qualification » spirituelle du prophète de substitution, mais également sur la détention par le leader matsouaniste prétendant à la succession d'un acte écrit du pouvoir colonial, puis post-colonial attestant de son passage forcé par la prison pour cause d'indocilité messianique : « *Nous qui avons fait la prison, on nous a délivré des papiers (...) Ce papier, nous le présentons à la place de la carte d'identité, et sur ce papier sont écrites la date et le lieu de détention (...) Moi, j'avais fait la prison à Fort-Rousset, et pour prouver que je suis matsouaniste, il faut ce papier* » (entretiens). Cette production religieuse de la modernité par l'écrit du pouvoir colonial et post-colonial contribue aussi à l'institutionnalisation de l'expérience messianique matsouaniste.

Dès lors, la légitimité du nouveau porteur de charisme au sein du matsouanisme sera rattachée principalement à ces signes distinctifs que sont la détention de la preuve de la prison effectuée comme signe du sacrifice et de la souffrance endurée pour Matsoua, la possession d'un pouvoir de discernement des choses, la désignation par la communauté des fidèles et par les autres matsouanistes résistants politiques de la capacité de direction du promu. En brandissant le certificat de prison, le leader matsouaniste confère ainsi à l'administration coloniale un pouvoir

---

77. Max Weber, *Economie et société 1, Les catégories de la sociologie*, Plon, coll. Agora, Paris, 1995, p. 286-290.

structurant de légitimation de sa position privilégiée dans la lutte pour le contrôle du « gouvernement central » du matsouanisme. On peut ainsi repenser la question de la croyance messianique en rapport avec l'instance de la représentation de Matsoua (messie absent mais attendu) pour l'adepte matsouaniste. Une première difficulté consiste à admettre l'idée selon laquelle Matsoua en tant que référent présent-absent se donne à voir à l'adepte à travers l'image photographique placée en permanence à côté de l'autel lors des cultes. De la sorte, le statut de la figure de Matsoua se trouve ainsi modifié par le fait qu'à travers sa représentation messianique, le personnage de Matsoua cesse d'être humain et mortel pour accéder au stade de la croyance fictionnelle. Matsoua cesse d'être Matsoua pour autant que sa représentation par l'adepte se trouve massifiée du côté de l'image; et pour que la figure de Matsoua continue d'agir sur les consciences des individus, il faut que celle-ci soit inséparable de l'emprise de son image sur ces derniers. De telle sorte que le comportement des matsouanistes se déchiffre comme dépendant de ce mécanisme : la figure messianique de Matsoua ne peut être présentifiée que parce qu'elle est inscrite dans la fiction au sens précis du mot, c'est-à-dire au sens de façonner pour représenter. Le processus de la croyance est inséparable du montage de la représentation messianique pour les fidèles du mouvement. Etant sous l'emprise de l'image, Matsoua comme figure opératrice d'action peut être légitimée dans le langage de ses adeptes. Je dirai alors qu'on peut concevoir l'articulation de l'image de Matsoua entre la croyance et le langage ou le mode d'évocation dans le lien privilégié qui s'établit entre l'image et l'instance de la représentation, et qui est au principe du maintien de la croyance messianique. Pour renforcer cette croyance, les leaders matsouanistes recourent à la division manichéenne du monde, élus/païens. Cette division manichéenne du monde fait donc partie de la logique individuelle du pouvoir de chaque leader matsouaniste qui doit en même temps assurer la cohésion sociale et idéologique de la communauté messianique et maintenir la distance avec les ennemis désignés comme tels. Quoique cette logique individuelle du pouvoir s'inscrive dans des pratiques sociales de domination charismatique du leader matsouaniste, elle ne saurait en elle-même mettre en mouvement la communauté messianique; car, ce qui est d'abord en jeu ici, c'est « *l'impact, exercé sur l'environnement, l'effet de comportement» (...) que conditionnent entre autres, « l'élévation de la température collective, le prurit de miracle, la vulnérabilité aux impressions fortes, l'absence de lucidité et de distance critique vis-à-vis des être et des événements...»* [78].

78. Wilhem E. Muhlmann, *op. cit.*, p. 186.

L'effet de comportement a pour but de provoquer une forte charge émotionnelle des adeptes du mouvement, en somme de leur conditionnement spirituelle, pour leur participation massive à l'entreprise de rédemption collective du messie Matsoua encore attendu. C'est en exploitant habilement le temps fort du mythe, c'est-à-dire en introduisant des jeux de distinction entre le moment de la crise et du désespoir du présent, et le moment de richesse, de liberté situé dans le futur, que les leaders matsouanistes réalisent la synthèse du temps primordial ou de la création archétypale et du temps historique. Ici la revalorisation du mythe du « monde renversé» , à travers l'attente messianique de l'avènement de la nouvelle société s'effectue dans une régénération cyclique du temps; un temps profane intégré dans un espace sacralisé dans lequel, la répétition de l'acte cosmogonique de la création du monde doit, à travers la diffusion permanente de la culture messianique, conduire au salut des opprimés.

Ce qu'il faut retenir du messianisme matsouanisme en particulier, des messianismes africains en général, c'est que quelle que soit la dimension dans laquelle il est considéré, dimension religieuse dans ses rapports avec la magie, les rites (d'initiation, de purification, d'inversion etc.), les cultes, ou dimension historique avec ses ramifications politiques et idéologiques, le messianisme s'inscrit toujours dans l'histoire (qu'il revendique) comme un mouvement de rupture. Mais, en dépit de ses orientations activistes ou adventistes, il apparaît en dernière analyse comme un mouvement de révolte pur et simple dans lequel le prophète charismatique se fait le seul dépositaire du vrai langage, du discours différentiel et conflictuel. Et c'est dans un pouvoir personnalisé, celui du « Sauveur» que se concentrent les forces d'investissement symboliques ; le prophète ou le « Sauveur » n'est pas seulement un simple leader messianique, mais il est aussi une cristallisation de symboles tels que le symbole de la liberté, du bonheur, l'incarnation vivante de ce monde « renversé » dont l'imminence est tant attendue par la communauté messianique. Le prophète, en proclamant son élection ou son affiliation divine, recourt ainsi à une véritable authentification charismatique de son pouvoir, afin d'accroître et de maintenir son autorité religieuse et politique sur la communauté messianique qui est aussi une communauté émotionnelle. De par leurs références mythiques et utopiques, les messianismes traduisent une nouvelle séquence de l'histoire, celle qui récuse le passé dans ce qu'il a de plus injuste, de plus aliénant, et revendique le pouvoir politique et religieux qui formule les espérances révolutionnaires des opprimés. Malgré leurs multiples vicissitudes, ces messianismes sont davantage animés d'un profond désir de changement social. Il y a sans doute une logique de l'espérance qui fonctionne dans les messianismes et qui permet au prophète, messie ou leader de jouer un rôle de premier plan tant dans l'accroissement de son pouvoir de domination que dans la mobilisation de la communauté messianique autour de sa figure. Temps primordial, temps historique et temps de l'espérance, ces différentes temporalités réactualisent l'événement messianique, travaillent à la convocation d'une mémoire collective sans cesse réinventée pour maintenir la cohésion du matsouanisme. L'analyse du matsouanisme dans les différentes temporalités politiques des périodes coloniale et postcoloniale (période du parti unique et du pluralisme politique et religieux) a montré la dissémination des patrimoines religieux et l'effervescence des investissements symboliques autochtones et étrangers. Si on regarde de près le processus de manifestation du matsouanisme, on remarque que celui-ci s'effectue en des séquences temporelles différentes, mais qui sont toutes inscrites dans une sorte de logique immanente. Le messianisme matsouaniste surgit dans une situation de crise et de domination des populations congolaises, et c'est à partir d'une telle situation concrète que le leader matsouaniste peut spéculer sur les virtualités latentes du mythe du « monde renversé » ; autrement dit, le procédé d'inversion ne peut se réaliser que dans une situation de rupture, de désordre social, laquelle, en tant que référent négatif, constitue l'autre face de la réalité sociale symbolisée ici par le règne futur de Matsoua. Le matsouanisme comme la plupart des messianismes africains de tendance chrétienne fonctionne aussi sur le plan de la dialectique de l'ordre et du désordre. La régénération du temps dans le matsouanisme ne se fait qu'au moyen de la régénération collective dont le mythe de la création primordiale sert d'archétype historique. A la limite, je dirai que ce qui importe dans la revendication messianique, ce n'est pas tant la simple réactualisation de l'acte cosmogonique archétypal, mais la valeur exemplaire qu'elle représente pour la communauté messianique. La relation synthétique que fait le prophète entre le « moment mythique » de la création archétypale (temporalité primordiale) et le « moment actuel » (temporalité historique), fait prendre conscience aux individus de leur situation misérable présente. Etant entendu que pour les leaders matsouanistes et les adeptes, le « moment mythique » correspond toujours à un moment de richesse et d'opulence, et que le « moment actuel » est celui de la misère et de l'oppression de l'Antéchrist ; le règne de l'Antéchrist apparaît comme la condition de la réalisation de l'Age d'Or situé dans une temporalité à-venir.

La construction sociale de l'identité matsouaniste

On peut distinguer les trois vecteurs à partir desquels se construit la rhétorique politique et religieuse du matsouanisme comme dans la plupart des messianismes africains, à savoir, la contestation de l'ordre politique présent, la prétention à la maîtrise de la totalité du réel et des problèmes des individus, et la production de la catégorie de l'espérance. On voudrait maintenant analyser les dimensions de l'identité matsouaniste aux prises avec les autres identités produites, affirmées ou revendiquées. Roland Pourtier a montré de manière parfaite comment, en ce qui concerne le Congo en particulier, le territoire participe à la formation des identités collectives ; et « *qu'à défaut d'une forte structuration territoriale, le Congo semble avoir le support de sa production identitaire dans une dramatisation de l'histoire, fût-elle coûteuse en vies humaines (...) L'identité se nourrit, entre autres choses, d'événements traumatiques, collectivement vécu, de leur interprétation et de leur incessante réinterprétation. Ce travail de la mémoire collective privilégie, ici comme ailleurs, la violence et le sacré. L'imaginaire y construit ses repères, ses schèmes de lecture* »[79].

Il y a ainsi à l'appui des entretiens réalisés tout au long de ce travail, une élucidation de sens à faire sur la construction sociale de l'identité matsouaniste et sur le fonctionnement de la logique identitaire religieuse et politique matsouaniste ; notamment sur la saisie de l'articulation de la conscience individuelle de chaque adepte à sa pratique croyante. Ce qui s'offre à l'anthropologue et au sociologue, c'est la totalité des expériences singulières dans les pratiques de conviction et de croyances. Ainsi, le lien entre les adeptes et les catégories organisatrices du messianisme matsouaniste est tel qu'il fonctionne en corrélation avec la logique de l'attente qui est le principe même de la permanence du matsouanisme à travers le temps. En effet, totalement en phase avec l'emprise structurante de la croyance messianique au retour attendu d'André Matsoua, les adeptes matsouanistes vivent tous dans cette socialité croyante active à base de foi religieuse partagée. L'exemplaire singularité du parcours religieux du matsouanisme comme répétition dynamique de la croyance éclaire sur la réalité de l'enracinement anthropologique dudit messianisme : celui-ci laisse deviner l'existence d'un support de forces subjectif sous-jacent à la croyance collective socialement constituée au sein du matsouanisme dans son inscription symbolique sur le registre du visible et de l'invisible. De

79. Roland Pourtier, 1997 : Les raisons d'une guerre « incivile », in *Afrique Contemporaine n° 186, Congo-Brazzaville : entre guerre et paix,* (dossier spécial coordonné par R. Pourtier), Paris, La Documentation française, 1998, p. 7-32.

plus, le processus de recomposition religieuse du matsouanisme depuis sa fondation en 1945 jusqu'en 1998 signale les tensions permanentes entre le vécu quotidien et l'attente intemporelle du retour du « messie » Matsoua. Et c'est dans cette expérience contraignante de l'attente que l'adepte matsouaniste subit quotidiennement l'épreuve de l'altérité, en faisant allégeance aux leaders matsouanistes dans leur grève eschatologique permanente contre tout pouvoir politique au Congo. Dans ce contexte, on ne peut, comme le souligne parfaitement Pierre Legendre, penser l'altérité sans penser l'identité et la reproduction du sujet, puisque « *l'homme n'est assuré de son être que par la séparation d'avec soi, de sorte que devenir autre pour lui-même est la condition de sa vie, la supposition première de sa présence au monde et l'accomplissement de la faculté de se différencier du monde* »[80]. Ainsi, la confrontation créatrice ordre/désordre, pur/impur, juste/injuste dans le discours matsouaniste fournit aussi à l'adepte, les éléments mobilisateurs dans son irréductible attachement à la foi religieuse, à la dynamique politique du défi et de « l'indocilité » (Mbembe, 1988), ainsi qu'à l'obéissance individuelle et collective aux commandements religieux des prophètes de substitution matsouanistes, véritables « dissidents de la conformité ». On voudrait donc à cette étape de la réflexion anthropologique et sociologique insister sur l'importance de la notion « d'efficience symbolique » (Legendre) dans le discours messianique des leaders matsouanistes ; en somme l'effet que produit sur les fidèles la mise en scène de la figure messianique fondatrice de Matsoua comme élément de construction de l'identité matsouaniste. On se demanderait alors pourquoi et comment la référence à l'image de Matsoua peut avoir une valeur exemplaire, et répéter pour le fidèle matsouaniste le modèle identificatoire ? Il me semble que le mythe messianique matsouaniste laisse entrevoir dans la mise en scène de la figure intemporelle de Matsoua, l'une des modalités de fonctionnement de son système rituel, à savoir l'existence d'un ressort de l'efficience symbolique dans la procédure d'articulation entre la référence identitaire des fidèles à la figure de Matsoua et la gestion du quotidien. De telle sorte que la relation que ces fidèles établissent entre la référence à la figure fondatrice et la vie qu'ils mènent au quotidien a pour conséquence religieuse la production d'un discours manichéen pur/impur, ordre/désordre, vrais matsouanistes/flatteurs noirs; discours dont l'enjeu est la représentation imaginaire d'une société à venir, radieuse et libre, à partir de laquelle les fidèles matsouanistes construisent leur propre identité sur la logique de la différenciation dans la société brazzavilloise d'aujourd'hui. Et les textes religieux matsouanistes sont élaborés aussi comme véhicules

80. Pierre Legendre, *Dieu au miroir, Etude sur l'institution des images*, *Leçons III, note marginale*, Paris, Fayard, 1988, p. 9.

d'identification au « messie » Matsoua à travers la « souffrance messianique » : Matsoua martyrisé, mais personnage invincible et extraordinaire. Ainsi la procédure messianique qui répète indéfiniment depuis cinquante ans le sacrifice de Matsoua pour la cause collective participe de cette construction sociale de la réalité vécue : Matsoua représenté comme victime rituelle permet aux leaders matsouanistes de répéter le temps inaugural du mouvement religieux en plaçant à chaque fois les fidèles du matsouanisme dans une attitude de révolte permanente, et dans la quête d'un rapport identificatoire avec le « messie » Matsoua. Le point de tangence entre ces deux moments a lieu dans un temps précis de maturation de la croyance messianique qui est précisément celui de l'allégeance du fidèle matsouaniste à la catégorie du sacrifice. Il semble que c'est bien sur ce terrain de la catégorie du sacrifice que s'élabore le discours d'articulation des deux moments de la référence à la fois à la figure fondatrice du « messie » Matsoua et à l'individualité quotidienne en acte (voir schéma) :

Schéma :

La référence à la figure fondatrice
d'André Matsoua
(Le signe primordial)

↓

Le point d'articulation des deux moments
(La catégorie du sacrifice)

↑

L'individualité en acte
(Le quotidien du matsouaniste et le phénomène identificatoire)

On peut à présent tenter de réunir tous les éléments qui participent de la construction sociale de l'identité matsouaniste depuis la naissance du matsouanisme en 1945 jusqu'à ce jour : la référence permanente à la figure de Matsoua, la grève eschatologique contre le pouvoir politique colonial et post-colonial, la souffrance messianique valorisée, à travers l'obtention d'une attestation de prison délivrée par l'administration coloniale et post-coloniale comme preuve d'accès à la reconnaissance et à la modernité politique. En effet, les mutations sociales rapides qui se sont produites au sein de la société congolaise depuis 1960 notamment, ont permis d'appréhender davantage la complexité des prophétismes congolais ; de la forme de résistance et de lutte contre l'oppression coloniale, ils deviendront par la suite, au lendemain des indépendances, le lieu de production intense des biens spirituels de salut et d'invention d'une nouvelle socialité entre les individus pour faire face aux vicissitudes du quotidien. Certes il a été mis en évidence dans le matsouanisme, comme dans le kimbanguisme, les deux paradigmes qui l'ont caractérisé, à savoir, le paradigme de la révolte politique et le paradigme de la guérison. Pour des raisons historiques et idéologiques, l'accent n'a pas toujours été mis sur le paradigme de la guérison, puisque la riposte messianique à l'oppression coloniale s'est d'abord effectuée sur le terrain politique, mais sous le manteau de la religion. Mais en réalité, la révolte politique s'est poursuivie en post-colonie contre les pouvoirs établis, en même temps que se sont développées les activités de guérison dans le centre thérapeutique matsouaniste du quartier Mpissa de l'arrondissement 2 (Bacongo) de Brazzaville. La prise en charge des maux dont ceux liés à la maladie et à l'infortune réintroduit l'action matsouaniste dans le champ de la guérison, et indirectement dans le champ des pouvoirs. Dans ce chapitre, je m'attacherai à montrer d'abord comment fonctionne le paradigme de la guérison dans le champ des pouvoirs ; ensuite j'essaierai de comprendre pourquoi la contestation des pouvoirs politiques et la dispensation sur le « marché » religieux des biens de salut n'ont conservé leur efficacité sociale et symbolique que dans la réactivation continuelle de la croyance au mythe d'attente du retour imminent de Matsoua, le « messie » qui viendrait gouverner le Congo. J'exploiterai alors les discours produits par les acteurs religieux matsouanistes pour dégager de quelle manière le matsouanisme se positionne dans le champ de la guérison en milieu urbain brazzavillois ; pour voir la place importante qu'occupe le prophète-guérisseur dans le matsouanisme, et ce qui l'oppose au devin-guérisseur ordinaire, au « nganga-nkisi » dans la société urbaine. Mais en quoi le « nganga-nkisi » s'oppose et s'identifie-t-il au prophète-guérisseur matsouaniste ?

En premier lieu, le « nganga-nkisi » (devin-guérisseur) est un entrepreneur indépendant dont la spécialisation dans la gestion des biens de salut s'exerce en dehors de toute institution bureaucratique et ecclésiale. En second lieu, il ne recourt pas exclusivement à la prière et à la foi pour guérir. S'y ajoute l'usage des plantes, de l'eau bénite, du parfum, des bougies, et parfois même des produits pharmaceutiques. Certes, le « nganga-nkisi » et le prophète-guérisseur matsouaniste ont en commun le fait qu'ils sont tous deux pourvus d'un charisme personnel, et des entrepreneurs de biens de salut. Mais ce qui différencie l'un de l'autre, c'est que le prophète-guérisseur matsouaniste est un « envoyé » qui affirme son

« affiliation » divine aux moyens d'actions extraordinaires obtenues avec la médiation du « messie » Matsoua. Il annonce aux fidèles l'installation du nouveau royaume à la faveur du second retour de Matsoua. Le prophète-guérisseur exerce son activité de dispensateur des biens de salut sous l'autorité intitutionnelle du « gouvernement central » qui rassemble toutes les tendances politiques et religieuses du matsouanisme.

Marc Augé donne, à partir de l'exemple ivoirien, des éléments fondamentaux caractéristiques des prophètes africains et que l'on peut résumer brièvement ici : ce sont d'abord des figures singulières fortes, éminemment individuelles, et qui s'assignent entre autres tâches celle de porter secours aux individus que perturbe la maladie ou les difficultés de la vie sociale, tant au village qu'à la ville ; loin d'ignorer les réalités du monde moderne, ils se présentent comme partie prenante à l'action de développement et de modernisation du pays. Dans ce contexte, le prophète, c'est celui qui a rapport avec la santé des individus qui s'adressent à lui mais qui produit un discours de portée générale sur le sens de l'actualité. Il existe une autre catégorie de prophètes qui se refusent à toute pratique thérapeutique, considérant que, même si des centaines de malades recourent à eux, leur guérison ne dépend que de Dieu. Entre les deux, les prophètes-guérisseurs soignent et prient, les uns simples membres de l'Eglise harriste ou de sa version Déima, les autres inventeurs d'une religion propre dont peut être étudié le rituel particulier. « *Les prophètes, clairvoyants et guérisseurs,* dit Marc Augé, *traitent les maux traditionnels (entendons qu'ils ont des connaissances de phytothérapie et qu'ils maîtrisent les scénarios interprétatifs faisant intervenir l'agression en sorcellerie, la malédiction, la rupture d'interdit, etc.), mais ils rendent compte également des nouveaux maux (échecs scolaires, difficultés professionnelles, chômage) qui prennent souvent naissance à l'extérieur du cadre lignager et villageois où s'inscrivait plus tôt la logique du malheur. Les prophètes construisent donc, vaille que vaille, un nouveau cadre d'interprétation dans lequel les maux de l'époque et ceux de l'individu, les schémas anciens et les phénomènes nouveaux ne sont pas pensés comme incompatibles. Ils maintiennent l'exigence du sens (telle que l'exprime par exemple la conception de l'agression sorcellaire), mais établissent un contact de carence : la présence autour d'eux de nombreux malades, ou de malades déclarés guéris mais qui préfèrent rester auprès d'eux, suggère à elle seule que tout ne va pas pour le mieux dans le meilleur des mondes possibles (...)* ».

Pour mieux cerner la place qu'occupaient les prophètes africains dans les sociétés anciennes, Marc Augé souligne les multiples rôles que ceux-ci remplissaient à différents moments au sein des sociétés africaines anté-coloniale, coloniale et post-coloniale. « *Les prophètes ne sont pour autant ni le fruit d'une génération spontanée ni un pur produit du christianisme. Traditionnellement les dieux circulaient et avec eux les hommes qui savaient les mettre en œuvre. Traditionnellement encore, des devins conseillaient les chefs ou les rois. Mais le pouvoir est devenu national et une partie des hommes a perdu ses repères symboliques localisés. Les prophètes s'accordent à ce double mouvement de construction et d'effacement. La figure du chef de l'Etat les inspire et les aspire : ils font comme lui, il est l'un d'eux (...) Guérisseurs d'individus, en outre, les prophètes par leur pratique et leurs propos suggèrent que le sort de chacun (sa maladie, sa folie, sa détresse) est lié à celui de tous les autres, non pas simplement à l'entourage immédiat qualifiable en termes de filiation et d'alliance, mais d'une certaine façon, à l'ensemble de l'humanité. Ils décryptent sur le corps individuel le jeu des intrigues lignagères, mais inscrivent celui-ci dans la perversion globale de la modernité africaine (marquée par la jalousie, le mensonge, l'âpreté au gain, au terme de jugements très moralisants) (...)* Ce Marc Augé voit bouger dans l'univers des prophètes-guérisseurs ivoiriens : C*e sont ces remarquables repères identitaires dont les manifestations sont nécessairement contradictoires parce qu'elles correspondent à des tensions réelles de la société en mouvement* » [81].

En réalité, la plupart des prophètes africains s'investissent intensément dans la production des biens de salut indispensables aussi bien pour l'individu que pour la collectivité. La notion de « biens de salut » ne peut se comprendre en dehors du champ religieux, qui tout en étant un espace concurrentiel pour leur monopole, est également un « marché de biens de salut »; c'est-à-dire un lieu de transactions où se réalisent des bénéfices psychologiques, symboliques, sociaux et économiques de la gestion de la transcendance et du sacré. Autrement dit, la religion détermine une conduite éthique comportant des bénéfices qui profitent aux travailleurs religieux collectifs ou indépendants. Certes, la notion de salut implique généralement une tension vers une fin transcendante ; de telle sorte que la transformation radicale du sens de la vie de l'homme qui a la foi consiste à accroître sur terre la gloire de Dieu. Ainsi, dans les Eglises, l'administration du sacrement, la dispensation du rachat de ses fautes, l'obtention du sentiment de grâce par la reconnaissance de son imperfection, et l'esprit de dévotion sont réalisées par des personnes « qualifiées » pour ce travail religieux. C'est donc ce profit psychologique, symbolique, social et financier que les entrepreneurs religieux individuels et collectifs tirent de la gestion terrestre du sacré que j'appelle « bien », en

81. Marc Augé, Culture et imaginaire : la question de l'identité, in Gabriel Gosselin (dir.), *Les nouveaux enjeux de l'anthropologie. Autour de Georges Balandier,* Paris, L'Harmattan, 1993, pp. 55-58.

ce qu'il a de la valeur d'usage et d'échange dans le champ religieux brazzavillois ; un champ concurrentiel, ainsi que je l'ai indiqué plus haut, conduit souvent les individus à la recherche de l'efficacité symbolique de la guérison des maux dont ils souffrent, à se livrer à différents recours thérapeutiques. Dans cette partie du travail, j'examinerai d'abord les modalités de production de la croyance et de la guérison au sein du matsouanisme ; ensuite, je développerai la question relative aux différents recours thérapeutiques, ainsi que celle des circonstances de production de la foi, de la vocation et du don de guérison dans les différentes religions à Brazzaville.

La production de la croyance et du don de guérison dans le matsouanisme

C'est dans le quartier Mpissa de l'arrondissement 2 Bacongo de Brazzaville que se trouve le plus grand centre de guérison matsouaniste. On y accède, soit par l'avenue des 3 francs (ex-Guynemer), soit par l'avenue Matsoua, pour atteindre l'avenue Simon Kimbangou (à côté duquel se trouve le marché Commission), puis l'avenue du général De Gaulle en terre battue. Ce centre matsouaniste se trouve à 200 m du fleuve Congo, en prolongement de la route de la corniche dont le projet d'extension est arrêté depuis une dizaine d'années. On peut déjà remarquer la forte empreinte symbolique dans le choix par la municipalité brazzavilloise des noms des avenues qui y conduisent. A l'approche du lieu, on reconnaît facilement le centre matsouaniste d'abord par la haie de branches de palmiers qui l'entoure, ensuite par les chants permanents de fidèles tout au long de la journée, et que l'on entend à 100 m de là. Le centre accueille des malades issus de toutes les couches sociales de la population sans distinction d'ethnie. A l'intérieur du centre de guérison se trouve également une partie réservée aux cultes. L'autel de l'église est recouvert d'une couverture rouge avec, d'un côté des fleurs et des bougies, et de l'autre, un poignard et la photographie de Matsoua ; des branches de palmiers formant un grand « V » sont placées en arrière-plan de l'autel, et sur lesquelles se trouve fixée la croix de Lorraine. Les cérémonies cultuelles (où se trouvent réunies toutes les tendances matsouanistes (corbeaux, pigeons, ikouole) et néo-matsouanistes (Bulamananga) débutent d'abord par un chant de confession (en lari) adressé à Nzambi a Mpungu (Dieu Tout-puissant) :

> « - *Nous commençons à nous libérer des péchés de nos temps*
> - *Pour que nous ayons ton pardon*».

Ensuite, viennent des prières adressées à Nzambi a Mpungu et Matsoua, ainsi qu'à toutes les figures ancestrales kongo :

« *Eglise, église, église, nous avons notre Eglise donnée par Dieu pour prier, au nom du Père du Fils et du Saint Esprit, amen, amen.*
La joie est en Toi qui as créé le ciel et la terre
A ta face Tu as créé l'homme
Dieu des mystères, Dieu des vérités
Le Dieu qu'ont prié Abraham, Isaac
Dieu, Toi qui a gardé Daniel dans la fosse des lions
Toi qui as donné la force à Moise dans le pays d'Egypte des pharaons
Toi qui as envoyé ton Fils Jésus Christ pour nous libérer...»

Puis interviennent dans la prière les figures ancestrales autochtones :

« *le Dieu qu'ont prié nos ancêtres depuis le prophète Simon Kimbangou,*
André Matsoua, papa Seko, papa Bulamananga, papa Lukaya lua yuma,
Papa Philippe Mbumba, papa Jackson, maman Chimpa Vita,
Maman Ngunga et à tous ceux qui ont disparu pour le Ngunza Jésus Christ
Seigneur, le temps est arrivé aujourd'hui pour nous retrouver dans ta maison... »

Cette exigence de « spécificité » dans les pratiques croyantes est valorisée pour intervenir dans les affaires de la cité.

« *Chaque peuple a sa façon de prier, et celle-ci est la nôtre.*
C'est le Ngunza que tu avais envoyé au royaume du Kongo
Dieu accepte notre façon de prier, Yahvé Toi le Mystérieux
Je Te demande d'abord de bénir cette Eglise, qu'elle soit sainte
pour qu'elle ressemble à un lac
pour que quiconque vienne boire l'eau bénite
Maintenant que Tu as béni les hôpitaux, les prisons et le pays en guerre
Seigneur, le temps est venu pour bénir ce lieu Papa
Je remets cette assemblée entre Tes mains
Que le programme de ce jour soit à Ton nom
Nous sommes arrivés en ce lieu avec de grandes assiettes où manque de la nourriture, remplis-les de Saint Esprit

Toi qui as dit que la terre est vaste, mais il y a peu de travailleurs
C'est pourquoi Tu nous as choisis pour que nous soyons tes travailleurs
Transforme-nous de ton Esprit Saint
Pour que nous marchons selon Ta volonté
Nous sommes réunis ici pour Te louer,
Te glorifier et Te demander pardon
Te louer Seigneur car Tu es digne de louanges
Te glorifier car Ta gloire s'étend de siècle en siècle
Te demander pardon car nous sommes de pauvres pécheurs
Combien de fois nous oublions tes préceptes ?
C'est pourquoi nous venons à Toi Seigneur
Pour que Tu nous laves de notre iniquité
Pour que Tu nous guides dans des chemins meilleurs,
Les chemins de la vérité, Seigneur
Gloire à Toi, Seigneur car Tu avais dis
Vous qui êtes chargés, je vous déchargerai... »

La quête et la maîtrise du savoir comme mode d'accès à la vérité absolue et à la richesse matérielle est utile pour la préservation de la santé physique et morale :

« *Nous venons à Toi car nous mourrons par manque de connaissance*
Tu avais dit que Mon peuple meurt par manque de connaissance
C'est pourquoi nous venons à toi
Afin que de nous ouvrir la porte à Tes connaissances nécessaires
Afin que nous soyons des enfants véridiques
Apporte la paix dans le monde, Seigneur
Guéris les malades, Seigneur
Oui, Rentre dans les cœurs des hommes politiques, Seigneur
Afin que ce pays soit guidé dans la lumière, Seigneur
Seigneur, Toi qui a des mystères
Nous demandons Tes mystères, Seigneur
Yahvé, Roi des mystères
Bénis le monde entier
Et nous Te remettons tous, Seigneur ».

Selon que les cultes intenses ont lieu le jeudi ou le dimanche, les fidèles s'habillent différemment. Pour les cultes du jeudi, ceux-ci se présentent à l'Eglise tous vêtus d'habits de couleur noire. Ces cultes sont souvent faits pour demander à Dieu et à Matsoua la force nécessaire pour le travail de guérison des malades dans l'autre partie de l'enceinte ; j'en parlerai par la suite. Les cultes du dimanche se déroulent pour les fidèles dans des tenues de couleur blanche, cela leur permet de confesser leurs fautes et de se « blinder » contre les sorciers. Pour cela, chaque fidèle matsouaniste tient un bâton appelé *ntela* sur lequel est placée une bougie ; d'après le prête matsouaniste, ce bâton sert de support de forces pour conjurer la maladie ou le malheur ; un autre bâton utilisé à une étape supérieure du déroulement du culte, et appelé *nkawa* est remis aux fidèles, car il est censé assurer l'invulnérabilité de ceux qui la tiennent dans la main. Les séances de guérison se déroulent de la manière suivante : les malades, accompagnés de leur famille directe ou d'un proche parent sont d'abord reçus tour à tour par le prête matsouaniste spécialisé dans la détection des causes de la maladie. Lors de cette étape de diagnostic, les entretiens portent sur les mobiles de la maladie, sur les antécédents et conflits passés et présents que le malade aurait eu avec des personnes de la famille ou de son entourage. « *Ici*, dit le prêtre matsouaniste, *nous guérissons avec la bénédiction de Nzambi a Mpungu et de Matsoua (...). Si le malade a bon cœur, il est vite guéri, mais s'il cache quelque chose, par exemple des fétiches, il guérira difficilement. Avec la prière, nous savons tout, même ce que le malade veut cacher* ». Les séances de guérison se font le plus souvent les mercredi et jeudi parce que ce sont pour eux des jours « sacrés » réservés à Matsoua. Les maladies les plus rebelles sont traitées pendant ces deux jours. Dans sa robe noire, le prêtre matsouaniste spécialiste de la cure des âmes et du corps invoque les puissances numineuses, administre des tisanes réservées pour chaque cas de maladie ; chants et prières adressés à Nzambi a Mpungu se succèdent afin de chasser les mauvais esprits qui sont dans le corps des malades. Dans ses invocations, le prêtre matsouaniste rend son discours plus explicite : « *Je demande à notre sauveur tata Matsoua de nous protéger et de nous donner la force de résister au mal* ». A la fin de la séance, le prêtre donne à chaque malade le *ntela* qu'il tient debout. Celui-ci doit s'engager immédiatement à abandonner tous ses « fétiches » et tout sentiment de haine et de vengeance ; le malade doit accepter de placer sous la protection de Nzambi a Mpungu et du sauveur Matsoua. « *En cas de maladie grave*, ajoute le prêtre matsouaniste, *les séances de guérison peuvent se faire trois fois dans la journée. C'est pourquoi, nous hébergeons souvent ces malades ici pendant trois, quatre jours, voire une semaine* ». Un autre prêtre qui guérit à l'aide de la prière et des plantes s'explique ainsi : « *Quand il s'agit de retirer des choses maléfiques que quelqu'un a dans le ventre, je lui fais avaler un morceau de fil de tresse noir. Il le garde dans le ventre un à deux jours, voire une semaine. Après je retire le fil par la bouche qui amène avec lui les choses qui étaient dans le ventre. je peux répéter l'expérience plusieurs fois (...).* Les parents peuvent rendre visite à leurs parents malades, leur apporter à manger. Le coût du traitement de la maladie varie entre 5 000 Fcfa (7,50 Eu) et 15 000 Fcfa (20 Eu), selon la gravité de la maladie jugée par le prêtre et son équipe soignante.

L'activité de guérison permet ainsi aux matsouanistes de réaliser des bénéfices psychologiques, sociaux et symboliques : psychologiques en ce qu'elle réalise l'effet de consécration de la puissance de Matsoua au sein de la population en quête de sécurité existentielle ; bénéfices sociaux, ne serait-ce que par la reconnaissance sociale auprès des démunis de la spécificité de leur travail religieux et thérapeutique; enfin, bénéfices symboliques en suscitant une plus grande sympathie au sein de la population urbaine à l'exercice légitime de leur entreprise religieuse et thérapeutique sur le marché des biens de salut. Et le véritable salut ne se réaliserait qu'à la faveur de l'installation ici-bas d'un monde nouveau sous la conduite du « messie » Matsoua ; l'activité de guérison permet ainsi aux matsouanistes de « sauver » les individus par le « traitement religieux » des corps souffrant, et d'asseoir le pouvoir de domination charismatique de Matsoua sur ces derniers psychologiquement affaiblis par la maladie. A propos de la notion de « traitement religieux », Joseph Tonda donne des explications qui s'appliquent parfaitement au contexte matsouaniste. Par « traitement religieux », il faut entendre :

« *a) Le fait de soigner, de dispenser des soins définis comme religieux dans un cadre présenté comme religieux par des spécialistes revendiquant leur caractère religieux. Il s'agit donc de considérer ici le terme traitement religieux dans le sens de cure religieuse distincte en cela de la cure médicale ou de toute autre manière de soigner.*

b) Le fait de produire et d'imposer un discours présenté comme religieux sur les moyens ou les pratiques non seulement de la cure religieuse, mais aussi de la cure relevant d'autres domaines.

c) Le fait de produire un discours défini comme religieux sur les causes et les origines (Zempléni, 1978) de la souffrance.

d) Le fait enfin de considérer la cure et le discours religieux sur la souffrance comme des séquences caractérisant les usages religieux du corps souffrant (...) Ce que nous appellerons le « traitement religieux (ou chrétien) du corps souffrant » a pour conséquence de faire entrer les spécialistes religieux de la guérison dans le champ des pouvoirs : un champ où le caractère irréductiblement symbolique du corps rend problématique toute tentative de séparation de ce que les théologies chrétiennes constituent comme religion « pure », avec ce que, par ailleurs, ces mêmes théologies peuvent définir comme magie. Autrement dit, parce que le corps en général, et particulièrement le corps souffrant est irréductiblement magique ou symbolique en tant qu'il incarne les pouvoirs du sorcier, des féticheurs ou des nganga et en porte souvent les stigmates en cas de maladie, le traitement religieux du corps souffrant expose les pouvoirs chrétiens de guérison à tous les risques de compromission avec des pouvoirs considérés comme magiques »[82].

De la sorte, la prise en charge des corps souffrant par les matsouanistes dans leur centre de guérison de Mpissa sert également de pourvoyeur de sens non seulement pour les familles accompagnant les personnes malades, mais également pour les fidèles matsouanistes ; cela, en inscrivant les modalités de croire au cœur de leurs activités quotidiennes, et dont l'inscription dans la communauté croyante participe à la construction religieuse et sociale de la réalité quotidienne.

Conclusion

Au terme de cet essai s'ouvre une brèche à partir de laquelle se légitime l'ambition de départ justifiée par ces deux mouvements de la démarche réflexive. Le premier mouvement a consisté à prendre en compte sur une longue période les différents itinéraires de la recherche qui ont vu nos idées murir progressivement, grâce au va-et-vient continuel terrain-théorie-terrain. Recourant à nos multiples « foyers d'expériences », au sens où l'entend Michel Foucault, les confrontations « rugueuses » avec les terrains successifs nous ont permis de mettre en relation les rapports avec le lieu de recherche, avec les outils de la recherche et avec la temporalité de la recherche ; lesquels rapports ont révélé à chaque étape du travail anthropologique et épistémologique, des pratiques spécifiques dans la production des données, des logiques d'action, des contraintes et des représentations variées. Ces pratiques sociales donnent à lire les dynamiques d'échanges et de confrontations de l'anthropologue avec d'autres anthropologues, ainsi qu'avec les différents interlocuteurs sur les terrains de recherche, cela à travers les parcours de connaissance, de reconnaissance et d'interconnaissance inter-subjectives.

Le second mouvement de la démarche réflexive consiste à prendre en compte la même matrice historique qui caractérise aussi bien la société

---

82. Joseph Tonda, « Christianisme et guérison dans le champ des pouvoirs. Le traitement du corps souffrant à Brazzaville et dans la cuvette congolaise » , in Gruénais M.-E., Kouvouama A., Tonda J., *Prophètes, prophéties et mouvements religieux dans le Congo contemporain,* Rapport de recherche, Paris, Orstom, 1992, p. 75-76.

colonisée congolaise que la société coloniale française. Cette matrice historique montre que ces deux sociétés coloniale et colonisée, se présentent même comme des totalités socio-politiques enchevêtrées dont le dénominateur commun est l'avant et l'après « situation coloniale » (G. Balandier) ; ce qui nous a permis déjà dans d'autres ouvrages[83] de faire d'une part, l'hypothèse d'un enchevêtrement des historicités, des croyances, des pratiques et des systèmes dans les différentes recompositions sociales, économiques, culturelles et politiques ; d'autre part, d'appréhender dans la formation des subjectivités politiques y compris des subjectivités religieuses, la question de l'individu en acte, sous la double articulation des logiques individuelles et des logiques communautaires s'appuyant aussi bien sur le contrat social que sur l'appartenance à une parenté de sang et d'alliance matrimoniale.

Récapitulons les idées directrices de l'analyse anthropologique du messianisme matsouaniste avancées plus haut pour sa compréhension immédiate dans le présent de la société congolaise en mouvement. En effet, le matsouanisme reste toujours confronté en son sein à un double mouvement de fermeture/ouverture sur les mondes urbain et rural, parce que porté par les deux tendances dominantes fortes suivantes : une tendance « fondamentaliste » incarnée par les anciens matsouanistes au sein du « gouvernement central » est implanté au bord du fleuve à Bacongo, quartier Mpissa. Ceux-ci refusent tout lien avec les pouvoirs postcoloniaux qui se sont succédés au sommet de l'Etat au Congo-Brazzaville, dont celui représenté par Denis Sassou Nguesso ; en somme, ils rejettent toute subordination au « colon Blanc » ou au « colon Noir ». Répartie dans trois sous-groupes, les « corbeaux », les « pigeons » et les « Ikouole », cette tendance « fondamentaliste » se présente de façon unitaire comme la gardienne de la pure « tradition » matsouaniste ; elle réactive continuellement les structures de crédibilité et de croyance dans la référence constante à la figure intemporelle de Matsoua, l'évocation emphatique de sa grandeur et de sa puissance. Une autre tendance « néo-traditionnelle » regroupe d'innombrables petites églises appelées « Bulamananga », fondées ou animées par des jeunes matsouanistes. Ces églises vénèrent encore Matsoua comme figure tutélaire, mais tout en l'associant à d'illustres figures prophétiques « ancestrales », notamment Kimpa Vita et Simon Kimbangou, et à des rites traditionnels recomposés. Leurs points communs résident dans le fait qu'elles se réclament à la fois du Saint- Esprit et d'ancêtres illustres, mais aussi de tous les défunts à qui elles consacrent souvent un culte particulier dans la semaine. De la sorte,

83. Voir notamment, Abel Kouvouama, *Modernité africaine. Les figures du politique et du religieux*, Paris, Ed. Paari, 2002 ; Abel Kouvouama, *L'anthropologie dans un monde en mouvement. Le lointain et le proche,* Paris, Ed. Paari, 2015.

le cumul de ressources matérielles et symboliques, l'adaptation à l'évolution politique de la société congolaise, la valorisation de l'individu dans les pratiques croyantes installent le matsouanisme dans une temporalité sociale et politique où les ancestralités multiples convoquées réactualisent les croyances messianiques en l'avènement du « nouveau monde » sous la conduite de Matsoua ; et c'est ici que, pour reprendre le mot d'Achille Mbembé, « l'indocilité » messianique fait sens avec les mutations urbaines et rurales en cours. Et si l'on tient compte des rapports de force qui existent entre le matsouanisme et le pouvoir central, la domination de ce dernier par la détention du monopole de la violence physique légitime entre en conflit avec les détenteurs proclamés de la puissance spirituelle et mystique matsouaniste. La tactique des pouvoirs politiques a consisté par la suite à contenir les prétentions matsouanistes dans un espace territorialisé où la révolte politique se dilue dans une résistance passive tolérable jusqu'à un certain point. Cependant une telle attitude des pouvoirs congolais laissait intacte toute l'économie symbolique du pouvoir religieux et politique construite autour de la figure messianique de Matsoua présenté comme le « véritable résistant » à l'ordre colonial. Et c'est dans cette prétention matsouaniste au monopole du pouvoir politique et religieux « réel » que se structure et s'entretient auprès des adeptes toute la rhétorique du matsouanisme. Ainsi, le matsouanisme, tout en puisant massivement dans le registre culturel autochtone et en se réappropriant l'organisation liturgique propre au christianisme, n'a cessé de jouer un rôle non négligeable dans la modernité sociale et politique congolaise, à la fois dans la poursuite de la contestation des pouvoirs étatiques et dans son positionnement sur le marché de la guérison et de la santé. Par ailleurs, cette constante irruption du religieux dans l'espace public politique du Congo-Brazzaville par la gestion quotidienne de la souffrance, y compris de la pauvreté et de l'infortune, instruit l'anthropologue, dans la mise en œuvre par les acteurs religieux, de diverses modalités de production sociale du politique, et de prise en charge de l'individu par la communauté émotionnelle. Elle éclaire également de quelle manière la croyance et le don concourent à faire également du champ de guérison un champ de pouvoir.

Au terme de cette analyse du matsouanisme et du fonctionnement du politique et du champ religieux à Brazzaville, on peut se rendre à l'évidence de l'étroite articulation du politique et du religieux. Dans la société congolaise, ce lien entre politique et religion appréhendé à travers les différents prophétismes des périodes coloniale et post-coloniale dénote une manière de dire le social, le politique, le culturel et le symbolique. On peut alors retenir quelques leçons particulières, tant du côté du religieux que du côté du politique. Du point de vue du religieux, on a affaire avec le matsouanisme à un messianisme qui a cherché à chaque fois à conserver la mémoire religieuse autour de la croyance aux ancêtres, véritables intercesseurs entre les hommes et Dieu, et la revendication d'une autre vérité religieuse fondée sur le remodelage des offres chrétiennes occidentales. La présence de nombreux mouvements et églises de réveil au Congo depuis les années 1990 a inévitablement bouleversé le matsouanisme dans ses certitudes messianiques des années 1950. Du côté politique, le maintien de la grève eschatologique permanente, la contestation religieuse des pouvoirs inscrivent sans doute durablement le religieux dans le champ politique congolais. Les guerres civiles successives de 1993, 1997 et de 1998, ainsi que les violences armées de 2015 liées au changement de la constitution par le pouvoir politique dirigé par Denis Sassou Nguesso, ont instauré une instabilité politique quasi permanente ; elles ont inévitablement contribué à conforter les matsouanistes dans leurs croyances messianiques du retour toujours attendu de leur « messie ». Cette évasion vers l'imaginaire religieux donne, en pareil cas, toute son importance aux systèmes clos de représentation dans le messianisme matsouaniste, où le recours à l'image du « monde renversé » dévoile l'étroite relation qui existe entre l'idéologie mythique et l'idéologie utopique en tant que réservoirs d'actions. Telles sont les leçons principales à tirer sur les raisons de la permanence du matsouanisme dans le Congo actuel, dont les figures inépuisables en tant que mouvement social, religieux et politique l'inscrivent dans la modernité sociale et politique congolaise.

Bibliographie sélective

AUGE M., 1974, *La Construction du monde, religion, représentation, idéologie,* Paris, Maspero.

BARBIER J-C, DORIER-APPRILL, MAYRARGUE C., 1998, *Formes contemporaines du christianisme en Afrique, les bibliographies du CEAN n° 9*, (Préface de A. Kouvouama), CEAN, Institut d'Etudes Politiques de Bordeaux.

BARBIER M., 1987, *Religion et politique dans la pensée moderne,* Nancy, Presses Universitaire de Nancy.

BOURDIEU P., 1971, « Genèse et structure du champ religieux », *Revue française de sociologie*, XII, p. 295-334.

- 1987, *Choses dites,* Paris, Editions de Minuit.

CHRETIEN J.-P. (dir), 1993, *L'Invention religieuse en Afrique. Histoire et religion en Afrique,* Paris, ACCT- Karthala.

CONSTANTIN F. et COULON C. (dir.), 1996, *Pluralisme religieux et transitions démocratiques en Afrique*, Paris, Karthala.

EBOUSSI-BOULAGA F., 1991, *A contretemps. L'enjeu de Dieu en Afrique*, Paris, Karthala. (Chrétiens en Liberté) (1re édition en 1987).

GLELE M. A., 1981, *Religion, culture et politique en Afrique*, Paris, Economica/Présence africaine.

GOUSSAULT, 1990, « Les frontières contestées du politique et du religieux dans le Tiers Monde », *Revue Tiers-Monde*, XXXI (123), juillet-septembre, p. 485-497.

LANTERNARI V., 1962, *Les mouvements religieux des peuples opprimés*, Paris, Maspéro. (Textes à l'appui), éd. en italien en 1960 : *Movimenti religiosi di libertà e di salvezza dei popoli oppressi*, Milan ; traduit en français par Robert Paris).

MBEMBE A., 1988, *Afriques indociles. Christianisme, pouvoir et Etat en société post-coloniale*, Paris, Karthala. (Chrétiens en liberté).

- 1992, « La prolifération du divin en Afrique subsaharienne », p. 177-201 in KEPEL G., ed., *Les politiques de Dieu*, Paris, Seuil.

- 2000, Les écritures africaines de soi, in *Politique Africaine n° 77,* Paris, Karthala, p. 16-43.

MÜHLMANN W. E., 1968, *Messianismes révolutionnaires du Tiers-monde*, Paris, Gallimard/NRF.

RUTAYISIRE P., 1991, « Les Eglises chrétiennes à l'heure du pluralisme politique en Afrique », *Au Cœur de l'Afrique*, avril- septembre, LIX (2-3), p. 361-390.

SOCIAL COMPASS, n° spécial « L'actualité des religions en Afrique », n° 43 (2), 1996, juin p. 223-242.

TARIQ RAGI, 1999, *Les territoires de l'identité, villes plurielles,* Paris, L'Harmattan.

VINCENT J.-F., DORY D. et VERDIER R., eds, 1995, *La Construction religieuse du territoire*, Paris, L'Harmattan.

CONGO-BRAZZAVILLE

BALANDIER G., 1955, *Sociologie actuelle de l'Afrique. Dynamique sociale en Afrique centrale*, Paris, PUF.

BALANDIER G., 1958, « Brèves remarques sur les messianismes de l'Afrique congolaise », *Archives de sociologie des religions*, 3, n° 5, p. 91-95.

BOUEKASSA J., 1989, « Les sectes au Congo : causes et pastorale », *Spiritus*, n° 115, tome XXX, p. 163-176.

DORIER-APPRILL E., 1994, « Christianisme et thérapeutique à Brazzaville », *Politique africaine*, n° 55, octobre, p. 133-139.

- 1996, Les enjeux socio-politiques du foisonnement religieux à Brazzaville, *Politique africaine*, n° 65, décembre 96.

DORIER-APPRILL E., KOUVOUAMA A., 1998, Pluralisme religieux et société urbaine à Brazzaville, in *Afrique contemporaine n°186,* avril-juin, Paris, p.58-77.

DORIER-APRILL Elisabeth, KOUVOUAMA Abel, APPRILL Ch., MARTIN-GRANEL N., 1998, *Vivre à Brazzaville, modernité et crise au quotidien,* Paris, Karthala.

HAGENBUCHER-SACRIPANTI F., s.d., *Santé et rédemption par les génies au Congo. La « médecine traditionnelle » selon le mvulusi*, Paris, Publisud.

KOUVOUAMA A., 1992, Du devenir du matsouanisme dans le Congo contemporain, in Gruénais M.-E.-Kouvouama A.-Tonda J., *Prophètes, prophéties et mouvements religieux dans le Congo contemporain*, rapport d'étude, ORSTOM, Paris, p 61-72.

- 1998, Conférence nationale et modernité religieuse au Congo, in *Questions sensibles,* Paris, PUF, p.387-412.

- 1999, Identité et langue chez quelques romanciers congolais, in Albert Ch. (dir.), *Francophonie et identité culturelle*, Paris, Karthala, p.273-283.

- 1999, « Quelques nouveaux mouvements religieux en Afrique subsaharienne », Revue *Diogène n° 187, juillet-septembre*, Unesco/PUF, p.79-91.

- 1999, « Imaginaire religieux et logiques symboliques dans le champ politique », Revue *Rupture-Solidarité n°1, nouvelle série*, Paris, Karthala, p.76-92.

- 2000, Penser la politique en Afrique, in *Politique Africaine n° 77, Philosophie et politique en Afrique* (dossier coordonné par A. Kouvouama), Paris, Karthala, p. 5-15.

- 2002, *Modernité africaine. Figures du politique et du religieux*, (préface de Jean Copans), Editions Paari, Collection Germod, Paris.

- 2002, Les énoncés du croire dans les messianismes en Afrique, in *Rue Descartes n°36, Revue trimestrielle*, Collège International de Philosophie, Paris, PUF, juin, p. 153-166.

- 2003, Démocratisation et modernité politique en Afrique centrale. L'exemple de la conférence nationale du Congo-Brazzaville in, Y. Lebeau, B. Niane, A. Piriou, M. de Saint Martin (dir.), *Etat et acteurs émergents en Afrique Démocratie, indocilité et transnationalisation*, Paris, Karthala/Ifra, p. 32-43.

- 2003, *Modernités transversales Citoyenneté, politique et religion*, Paris, Ed. Paari.

- 2003, La production religieuse d'une identité politique, in Lucy Baugnet (dir.), *Constructions identitaires et dynamiques politiques*, collection « Europe plurielle n° 25 », Presses universitaires Européennes, Belgique, p. 89-100.

- 2005, *Regards croisés sur la société congolaise*, Paris, Ed. Paari.

- 2007, *Figures croisées d'intellectuels. Trajectoires, modes d'action, productions*, Paris, Karthala.

- 2009, *Représentations et productions de l'espace dans les sociétés contemporaines*, Paris, L'Harmattan.
- 2010, Les paradigmes socio-anthropologiques du religieux en Afrique subsaharienne, in M. Hirschhorn, M. Tamba, *La sociologie francophone en Afrique. Etat des lieux et enjeux,* Paris, Karthala, p. 287-303.
- 2011, Religion et sorties de crise en Afrique, in *Revue Africultures n° 83. Indépendances africaines : chroniques d'une relation*, p. 148-151.
- 2011, Les pratiques de terrain en situation de tensions sociales et de guerre civile au Congo-Brazzaville, in *SociologieS* [En ligne], Expériences de recherche, Champs de recherche et enjeux de terrain, mis en ligne le 18 octobre 2011. Référence électronique URL : http://sociologies.revues.org/3724.
- 2011, Revendications démocratiques, violences politiques et sorties de crise en Afrique contemporaine, in Cyrille Koné (éd.), *Médiation et gestion des conflits. Essais sur les fins et les moyens pacifiques de sortie de crise,* Franckfort, Peter Lang, p. 169-182.
- 2013, *Anthropologie de la chanson congolaise de variétés,* Paris, Ed. Paari.
- 2013, *Déterritorialisation. Effet de mode ou concept pertinent ?* Pau, Presses Universitaires de Pau.
- 2014, *Sociétés en mutation en Afrique contemporaine. Dynamiques locales, dynamiques globales*, Paris, Karthala.
- 2015, Imaginaire, littérature et politique dans « Le soleil des indépendances » de A. Kourouma, in, P. Voisin (dir.), *Ahmadou Kourouma, entre poétique romanesque et littérature politique,* Paris, Garnier, p. 273-281.
- 2015, *L'anthropologie dans un monde en mouvement. Le lointain et le proche*, Paris, Ed. Paari.
- 2015, Trajectoires intellectuelles et/ou politiques des élites philosophiques congolaises formées en URSS et en RDA, in M. de Saint Martin, G. Scarfo Ghellab et K. Mellakh, *Etudier à l'Est. Expériences de diplômés africains*, (Préface de J.-P. Dozon), Paris, Karthala-FMSH, p. 263-274.

MBASANI M., 1981, Simon-Pierre Mpadi, étude biographique, in *Cahiers des religions africaines,* vol. 15, n° 29, janvier, p. 103-126.

MULAGO V., 1957, Nécessité de l'adaptation missionnaire chez les Bantou du Congo, in *Des prêtres noirs s'interrogent*, p. 19-40.

SINDA M., 1972, *Le messianisme congolais et ses incidences politiques*, Paris, Payot.

TONDA J., 1988, Marx et l'ombre des fétiches. Pouvoir local contre Ndjobi dans le Nord-Congo, *Politique Africaine*, n° 31, octobre 1988.

TONDA J., 1990, Les Eglises comme recours thérapeutique, in D. Fassin et Y. Jaffrée (éd.) *Sociétés, développement et santé*, Paris, Ellipses/AUPELF.

TONDA J., 1992, Christianisme et guérison dans le champ des pouvoirs. Le traitement religieux du corps souffrant à Brazzaville et dans la Cuvette congolaise, in Gruénais M.E., Kouvouama A. et Tonda J., *Prophètes, prophéties et mouvements religieux dans le Congo contemporain*, rapport d'étude, ORSTOM, Paris.

- 1997, De l'exorcisme comme mode de démocratisation. Eglises et mouvements religieux au Congo de 1990 à 1994, in Constantin F. et Coulon C. (dir.), *Religion et transition démocratique en Afrique*, Paris, Karthala.

VINCENT J.-F., 1966, « Le mouvement Croix-Koma : une nouvelle forme de lutte contre la sorcellerie en pays Kongo », *Cahiers d'études africaines*, VI(4)-24, p. 527-563.

WING J.V., 1958, *Etudes bakongo. Sociologie, religion et magie*, Bruges, 2e édition.

ZIAVOULA R., KOUVOUAMA A., YENGO P., 2016, *Les territoires du sacré. Images, discours, pratiques*, Paris, Karthala.

Table des matières

Achevé d'imprimer en juin 2018 par la Nouvelle Imprimerie Laballery – 58500 Clamecy
Dépôt légal : juin 2018 - N° d'impression : N103432

Imprimé en France

La Nouvelle Imprimerie Laballery est titulaire de la marque Imprim'Vert®

www.ingramcontent.com/pod-product-compliance
Lightning Source LLC
LaVergne TN
LVHW010932110826
845149LV00013B/2560

* 9 7 8 2 8 1 1 1 1 9 8 0 5 *